JN399447

# AI의 역사

The Shortest History of AI

Copyright © 2025 Toby Walsh
Korean Translation Copyright © 2025 by Sejong Institution / Sejong University Press

Korean edition is published by arrangement with Black Inc. through Duran Kim Agency Co. Ltd.

이 책의 한국어판 저작권은 듀란킴 에이전시를 통한 Black Inc.와의 독점계약으로
세종연구원 / 세종대학교 출판부에 있습니다.
저작권법에 따라 한국 내에서 보호를 받는 저작물이므로 무단전재와 무단복제를 금합니다.

---

# AI의 역사

**초판 1쇄 발행** 2025년 9월 30일

**지은이** 토비 월시
**옮긴이** 김성훈
**펴낸이** 엄종화
**펴낸곳** 세종연구원

**출판등록** 1996년 8월 22일 제1996-18호
**주소** 05006 서울시 광진구 능동로 209
**전화** (02)3408-3451~3
**팩스** (02)3408-3566

**ISBN** 979-11-6373-023-1  03320

- 잘못 만들어진 책은 바꾸어드립니다.
- 값은 뒤표지에 있습니다.
- 세종연구원은 우리나라 지식산업과 독서문화 창달을 위해 세종대학교에서 운영하는 출판 브랜드입니다.

---

**일러두기**

1. 장편소설을 포함한 단행본은 《 》, 영화, 노래, 언론매체 등은 〈 〉로 표기하였다.
2. 국내에 번역 출간된 단행본은 한국어판 제목으로 표기했으며, 미출간 도서의 경우 번역을 하고 원문을 병기하였다.
3. 인명, 지명 등의 외래어는 국립국어원 외래어표기법에 맞춰 표기하되 몇몇 경우는 관용적 표현을 따랐다.

여섯 가지 키워드로 읽는 AI의 모든 것
# AI의 역사

토비 월시 지음 | 김성훈 옮김

The
Shortest
History
of AI

1837 ——————————————————— 2062

Sejong
세종연구원

## 선사시대

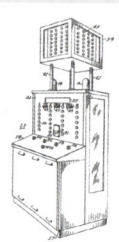

| | |
|---|---|
| **1837** **해석기관** Analytical Engine | 최초의 기계식 컴퓨터. 찰스 배비지Charles Babbage가 설계했으나 완성되지 않음 |
| **1843** **창의성** | 에이다 러브레이스Ada Lovelace가 컴퓨터가 창의성을 가질 수 있느냐는 질문을 던짐 |
| **1940** **니마트론** Nimatron | 최초의 AI 게임. 뉴욕 세계 박람회에서 공개함 |
| **1943** **신경망** Neural network | 최초의 신경망. 월터 피츠Walter Pitts와 워렌 매컬럭Warren McCulloch이 제안함 |
| **1948** **튜로챔프** Turochamp | 최초의 체스 컴퓨터. 앨런 튜링Alan Turing과 데이비드 챔퍼나운David Champernowne이 발명함 |
| **1949** **엘머ELMER와 엘시ELSIE** | 최초의 원시 로봇. 윌리엄 그레이 월터William Grey Walter가 브리스톨에서 제작함 |
| **1950** **튜링 테스트** Turing Test | AI에 관한 최초의 과학 논문에서 앨런 튜링이 AI의 성공 여부를 판단하는 테스트를 제안함 |
| **1955** **논리 이론가** Logic Theorist | 인공 수학자. 종종 최초의 AI 프로그램이라고 불리지만 사실이 아님 |

## 기호의 시대

| | |
|---|---|
| **1956** **AI의 비공식적 시작** | 다트머스 대학교에서 열린 최초의 AI 회의. 존 매카시John McCarthy가 회의 자금 확보를 위해 '인공지능AI, Artificial Intelligence'이라는 용어를 만들었음 |
| **1957** **마크 1 퍼셉트론** Mark 1 Perceptron | 프랭크 로젠블랫Frank Rosenblatt이 구현한 최초의 신경망 |
| **1960** **메나스** MENACE | 도널드 미키Donald Michie가 에든버러에서 발명한 성냥갑 컴퓨터. 틱택토 게임을 하는 법을 완벽히 학습함 |

| 연도 | 항목 | 설명 |
|---|---|---|
| 1964 | 엘리자 ELIZA | 최초의 챗봇. MIT의 요제프 바이첸바움Joseph Weizenbaum이 설계함 |
| 1965 | 덴드럴 DENDRAL | 최초의 전문가 시스템. 스탠퍼드 대학교에서 개발함 |
| 1968 | | 아서 C. 클라크Arthur C. Clarke가 2001년까지 기계가 인간 지능을 따라잡거나 초월할 것이라고 예측함 |
| 1968 | A* 탐색 A* search | 스탠퍼드 연구소Stanford Research Institute에서 셰이키 Shakey 로봇의 경로 탐색을 위해 발명한 AI 알고리즘 |

| 1969 | 《퍼셉트론》 Perceptrons | 신경망을 비판하여 다수의 관련 연구를 중단시킨 책 |
|---|---|---|
| 1971 | 스트립스 STRIPS | 셰이키 로봇의 목표 해결을 위해 발명한 AI 계획 알고리즘 |
| 1973 | AI 겨울 | 제임스 라이트힐James Lighthill 경의 보고서가 AI의 진척과 가능성을 부정적으로 평가하면서 첫 번째 AI 겨울이 도래함. 첫 번째로 부정적인 전망을 초래함 |

| 1979 | BKG 9.8 | 루이지 빌라Luigi Villa가 오랜 역사를 자랑하는 보드게임인 백개먼backgammon 경기에서 AI에 패함으로써 세계 챔피언이 AI에게 최초로 패배함 |
|---|---|---|
| 1982 | AI의 봄 | 일본의 야심 찬 5세대 시스템 프로그램을 통해 AI의 봄이 시작되었음을 알림 |

| 1986 | SLAM | 동시적 위치 추정 및 지도화Simultaneous localisation and mapping, SLAM 기술을 개발함. 로봇이 현재 위치를 정확하게 파악하면서 동시에 주변 환경을 지도로 작성할 수 있게 됨 |
|---|---|---|
| 1987 | AI 겨울 | 전문가 시스템의 유행이 식으면서 AI의 두 번째 겨울이 시작됨 |

| 1994 | 프로메테우스 Prometheus | 유럽의 자율주행 사롱자망 프로젝트. 두 대의 차량이 파리 주변을 1000킬로미터 이상, 최고 시속 130킬로미터로 주행함 |
|---|---|---|

| 1997<br>IBM 딥블루<br>Deep Blue | 세계 체스 챔피언인 가리 카스파로프Garry Kasparov가 처음으로 컴퓨터에 패배함 |
|---|---|
| 2001 | 아서 C. 클라크의 1968년 예측과 달리, 기계가 인간 지능을 따라잡지 못함 |
| 2002<br>룸바<br>Roomba | 아이로봇iRobot에서 출시한 진공청소기. 현재 세계에서 가장 인기 있는 로봇임 |
| 2005<br>스탠리<br>Stanley | 스탠퍼드의 자율주행 자동차가 모하비 사막 212킬로미터를 가로질러 주행하며 제2회 DARPA 그랜드 챌린지 무인자동차 대회에서 우승함 |
| 2007<br>치누크<br>Chinook | 서양 보드게임 체커를 완벽하게 해결한 최초의 AI 프로그램. 모든 경우의 수를 계산하기 때문에 절대 패배하지 않음 |
| 2007<br>이미지넷<br>ImageNet | 페이페이 리Fei-Fei Li가 시작한 이미지 인식 데이터세트로, 신경망 연구에 새로운 활력을 불어넣음 |
| 2011<br>IBM 왓슨<br>Watson | AI가 퀴즈쇼 〈제퍼디!Jeopardy!〉에서 최고의 인간 참가자 두 명을 상대로 승리함 |

## 학습의 시대

| 2012<br>알렉스넷<br>AlexNet | 딥러닝deep learning 신경망이 이미지넷 연례 대회에서 압도적으로 우승하며 AI의 두 번째 봄이 왔음을 알림 |
|---|---|
| 2015<br>오픈AI<br>OpenAI | 일론 머스크, 샘 올트먼 등이 비영리 회사로 설립함 |

| 2016<br>알파고 | 딥마인드DeepMind의 알파고가 세계 바둑 챔피언 이세돌을 이김 |
|---|---|
| 2017<br>리브라투스<br>Libratus | 전문 포커 선수들이 AI 프로그램에 처음으로 패배함 |

## 생성형 AI의 시대

| | | |
|---|---|---|
| | **2017**<br>트랜스포머<br>Transformer | 구글 리서치 팀이 트랜스포머 신경망을 제안함. 챗GPT의 'T'가 이것에 해당함 |
| | **2022**<br>챗GPT | 오픈AI가 출시했으며 출시 첫 주에 사용자 100만 명을 확보함 |
| | **2023**<br>알파폴드<br>AlphaFold | 딥마인드의 알파폴드가 과학계에 알려진 거의 모든 단백질의 형태를 예측함 |
| | **2024**<br>AI 노벨상 | 제프리 힌턴Geoffrey Hinton과 존 홉필드John Hopfield가 신경망 연구로 공로를 인정받아 노벨 물리학상을 수상함<br>데미스 하사비스Demis Hassabis와 존 점퍼John Jumper가 알파폴드로 공로를 인정받아 노벨 화학상을 수상함 |

## 미래

| | | |
|---|---|---|
| | **2062**<br>범용인공지능<br>AGI | 2018년에 출간한 저자의 책 《2062년 AI가 만든 세상 2062: The World that AI Made》에 따르면 2062년이면 기계가 인간의 지능을 따라잡을 것이라 예측했으나 결국 틀린 것으로 증명됨 |

# 목차

프롤로그_AI의 시작 · 11

# 1부 기호의 시대

### 아이디어 1  해답을 탐색하기 · 41
최초의 인공 수학자 | 문제의 골자를 추려내기 | 탐색의 한계

### 아이디어 2  최고의 수를 두기 · 62
최초의 AI 게임 | AI 체스 | 최초의 AI 챔피언 | 완벽한 플레이 | 불확실성에 대처하기

### 아이디어 3  규칙을 따르기 · 83
최초의 전문가 시스템 | 병목 현상

### 인터미션  로봇이 온다 · 96
모라벡의 역설 | 최초의 로봇 | 엘머와 엘시 | 로스트 인 스페이스 | 룸바 | 스탠리 소피아

## 2부 학습의 시대

### 아이디어 4  인공두뇌에 관하여 · 123

인공뉴런 | 딥러닝 | 학습 전략 | 트랜스포머 | 단어 벡터 | 범용기술 | 엘리자 확장의 법칙

### 아이디어 5  성공에 대한 보상 · 175

딥마인드 | 준비 완료 | 37번째 수 | 단백질 접힘 | 그건 기본이지, 왓슨 인간의 피드백

### 아이디어 6  믿음에 대한 추론 · 203

## 3부 미래

### AI의 달성 · 221

특이점 | 노동의 종말 | 미래의 도전 과제

감사의 글
참고문헌

**Prologue**

# AI의 시작

AI는 1956년 6월 18일에 시작됐다. 그날은 월요일이었다.

6월 18일이 국제 공황의 날International Panic Day이어서 인류가 AI 연구를 시작하기에 딱 적절하지 않았나 싶다. 이날은 작가 더글러스 애덤스Douglas Adams의 유명한 조언을 무시하라고 권장하는 날이기도 하다.

은하계 동쪽 외곽 가장자리에 자리 잡고 있는 더 여유로운 문명에서는 《은하수를 여행하는 히치하이커를 위한 안내서》가 이미 위대한 《은하대백과 사선

Encyclopedia Galactica》을 뛰어넘어 모든 지식과 지혜의 표준 저장소로 자리매김하고 있었다. (…) 이 안내서는 더 오래되었고 더 평범한 백과사전에 비해 두 가지 면에서 우위를 점하고 있다.

첫째, 가격이 살짝 더 저렴하다. 둘째, 표지에 크고 친근한 글씨로 '공황에 빠지지 마라DON'T PANIC'라는 문구가 새겨져 있다.

또 다른 작가인 아서 클라크는 '공황에 빠지지 마라'가 인간 종족에게 줄 수 있는 최고의 조언일지도 모른다고 제안했다. 그리고 2018년에 스페이스X는 일론 머스크의 구형 테슬라 로드스터를 우주로 발사하면서 '공황에 빠지지 마라'를 계기판 위에 새겨 놓았다.

AI가 일찍이 1950년대에 시작되었다는 말에 놀랐을지도 모르겠다. 아주 먼 옛날처럼 느껴지는 시기다. 사람들은 이 시기를 떠올리면 향수를 느끼기 쉽다. 시민권 운동이 본격적으로 시작되었고, 전후 세계는 경제 회복과 안정을 누리고 있었다. 그리고 엘비스 프레슬리의 〈하트브레이크 호텔〉이 차트 정상을 달리고 있었다. 앞에서 말했듯이 이것은 꽤 오래전의 일이다. 1956년이면 아마 당신이 태어나기 전 아니었을까? 나는 태어나지 않았을 때다. 나는 삶의 대부분을 AI를 꿈꾸며 살아왔다. 공상과학소설에 푹 빠져 지냈던 어린 시절부터 쭉 그랬다. 당시 나는 아서 클라크와 아이작 아시모프 같은 작가들의 소설을 읽었고, 그들은 로봇과 지능형 컴퓨터가 등장하는 미래를 그린 글을 썼다. 그때 꿈꾸었던 미래가 이제 눈앞에 다가

오는 것 같다.

2022년 말에 AI 챗봇인 챗GPT가 출시되었을 때는 마치 하늘에서 뚝 떨어진 것처럼 보였다. 신문을 펼칠 때마다 AI에 관한 기사 여러 편이 지면을 빼곡히 채우고 있었다. 그리고 많은 사람이 걱정하기 시작했다. 심지어 정부도 공황에 빠지기 시작했다. 이 모든 것의 종착점은 과연 어디일까?

AI는 하룻밤 사이에 성공한 것처럼 보이겠지만 사실 대부분의 경우가 그렇듯 오랜 시간에 걸쳐 준비된 결과였다. 이 책의 후반부에서도 보겠지만 사실 AI는 수십 년 동안 우리 삶의 일부로 녹아들어 있었다. 다만 챗GPT 이전에 우리의 삶 속에 녹아들어 있었던 다른 AI 사례들이 눈에 잘 띄지 않았을 뿐이다.

또한 AI가 특정일에 시작되었다는 말에 또 놀랄지도 모르겠다. 대부분의 과학 분야는 특정한 시작 일을 꼽을 수 없다. 하지만 AI는 다르다. 지능형 기계를 만드는 것을 목표로 진행한 8주짜리 워크숍 첫날인 1956년 6월 18일 월요일이 바로 AI의 시작일이었고, 이 모임이 AI 분야의 출발점이 되었다.

이 워크숍은 뉴햄프셔주의 아름다운 도시 하노버에 위치한 아이비리그 명문, 다트머스 대학교의 녹음 우거진 캠퍼스에서 열렸다. 이 대학은 아메리카 원주민들에게 기독교 신학과 영국식 생활방식을 교육하기 위해 1769년에 설립되었다. 하지만 1956년에는 아메리카 원주민, 기독교 신학, 영국식 생활방식이라는 내의는 대부분 사라지고 미국에서 가장 권위 있고, 선발 기준이 까다로운 학부 대학 중 하나로 발전해 있었다. 실제로 선발 기준이 어찌나 선별적이었던지 워크숍이 열리고 10여 년 후인 1972년까지도 여학생을 받지 않았다. 1956년의 워크숍에도 모두 남성만 참여했다. 그리고 슬프지만 오늘날까지도 AI 분야는 여성들의 참여를 충분히 보장하지 않고 있다. 이것은 반드시 해결해야 할 문제지만, 많은 노력에도 불구하고 쉽사리 개선되지 않고 있다.

다트머스 대학교 워크숍은 야심 찬 꿈을 품고 있던 젊은 조교수 존 매카시John McCarthy가 주관했다. 그에게는 오랜 꿈이 있었다. 바로 생각하는 기계를 만드는 것이었다. 그래서 그는 미국, 캐나다, 영국 등에서 뜻을 같이하는 동료들을 뉴햄프셔로 초대해 AI의 미래를 함께 구축하고자 했다.

1956년은 컴퓨터가 이제 막 널리 사용되기 시작한 시점이었다. IBM은 1954년 말에 전설적인 IBM 650 메인프레임 컴퓨터를 선보였다. 이것은 최초의 대량생산 컴퓨터였다. 실제로 IBM 650은 1950년대에 가장 인기 있는 컴퓨터로 자리 잡았으며, 처음으로 수익을 창출한 컴퓨터가 되었다. 따라서 1956년은 이 디지털 괴물을 어디까지 밀어붙일 수 있을지 검토해보기에 적절한 시기였다. 언젠가는 컴퓨터가 생각을 할 수 있지 않을까? 너무나 대담한 질문이었지만 존 매카시는 이 질문을 던지는 데 결코 주저함이 없었다.

젊은 시절의 존 매카시

존 매카시는 더 나아가 1962년에 스탠퍼드 대학교에서 전설의 AI 연구소AI Lab를 설립한다. 이 연구소는 AI 분야에서 거둔 몇 가지 혁신으로 유명하다. 예를 들어 2005년에 이 연구소는 스탠리Stanley라는 자율주행 자동차를 개발했다. 이 차는 운전자 없이 모하비 사막 212킬로미터를 주파하면 200만 달러의 상금을 수여하는 DARPA 챌린지에서 우승을 거두었다. 이 연구소는 또한 1996년에 AI를 활용해서 웹 검색을 하는, 잘 알려지지 않은 백럽BackRub이라는 회사를 탄생시켰다. 1997년에 이 회사의 창립자들은 이름을 잘못 지었다고 판단하고 사명을 구글로 바꾸었다.

AI의 시작

구글이 백럽보다는 나은 이름이었을지 모르지만 이 역시 또 하나의 실수였다. 물리학자들이 좋아하는 천문학적으로 큰 숫자인 구골googol의 스펠링을 잘못 쓴 것이기 때문이다. 구골은 10의 100제곱으로 상상할 수 없을 정도로 큰 수인데 이것을 풀어서 쓰면 10,000,000,000,000,000,000,000,000, 000,000,000,000,000,000,000,000,000,000,000,000,000, 000,000,000,000,000,000,000,000,000,000,000이다. 1 뒤에 0이 100개 붙는다. 우주에 들어 있는 원자의 수(현재 추정치는 10의 80제곱)보다도 큰 값이다.

사실 구골은 구글이나 그 어떤 회사도 물리법칙을 위반하지 않고는 색인index할 수 없을 수준의 바이트 수다. 구글이 현재 색인한 데이터는 10의 17제곱 바이트 정도에 불과하다. 하지만 실리콘밸리에서는 과대 선전을 별로 문제 삼지 않는 것 같다.

나는 운이 좋게도 존 매카시와 알고 지냈다. 이것이 그렇게 대단한 일은 아니다. 당시 AI 분야는 놀라울 정도로 규모가 작았기 때문이다. 스탠퍼드 AI 인덱스 기록에 따르면 매년 미국과 캐나다에서 AI 분야 박사학위를 받고 학계에 남는 사람은 100명 미만이다.[1] 그래서 창립자 중 한 명을 알고 지내는 것은 그리 어려운 일이 아니다. 사실 나는 존 매카시를 그냥 알고 지내는 정도가 아니라 2006년 어느 일요일 오후에 시드니 항구에서 그를 거의 익사시킬 뻔했다.*

---

● 내가 존 매카시를 익사시켜서 AI의 역사에 한 칸의 주석으로 남길 뻔한 이야기를 읽고 싶다면 내 첫 책, 《살아 있다! 로직 피아노에서 킬러 로봇에 이르기까지 인공지능 이야기It's Alive! Artificial Intelligence from the Logic Piano to Killer Robots》를 읽기 바란다.

매카시는 뛰어난 지성과 강력한 정치적 견해를 가진 인물이었다. 그는 '인공지능artificial intelligence'이라는 용어를 만들어낸 것으로 가장 유명하다. 그는 1956년의 다트머스 워크숍에서 모임 주제를 표현하기 위해 이 이름을 생각해냈다. 이 용어는 얼마 지나지 않아 AI라는 두 글자짜리 약어로 통용되게 됐다. 이것은 IQ나 EQ 등 모음을 포함하는 지능 관련 약어들과 왠지 통하는 느낌이 있다.

1956년 당시 AI는 충분히 도발적인 개념이었기 때문에 과학과 혁신을 통해 인류의 행복을 증진한다는 사명을 가진 자선단체 록펠러 재단Rockefeller Foundation으로부터 워크숍 비용으로 미화 7,500달러를 지원받을 수 있었다. (어쩌면 록펠러 재단에서는 AI가 과연 인류의 행복을 증진할 수 있을지 확신을 못했을지도 모르겠다. 제안서에서 실제로 요청한 금액은 두 배에 가까운 1만 3,500달러였기 때문이다.) 모임을 개최하자는 제안서에는 다음과 같은 내용이 담겨 있었다.

> 학습 혹은 지능이 내포하고 있는 모든 다양한 특성은 원칙적으로는 기계로 시뮬레이션을 할 수 있도록 정밀하게 기술할 수 있습니다. 기계가 언어를 사용하고 추상과 개념을 이해하며, 현재는 인간에게만 맡겨져 있는 문제들을 해결하고 스스로 개선하는 법을 찾으려는 시도가 이루어질 것입니다.

이것만으로는 성에 차지 않았는지 제안서에는 시간이 얼마나 걸릴지도 대담하게 예측해놓았다. "세심하게 선발한 과학자 집단이 여름 내내 함께 머리를 모은다면 이런 문제 중 한두 개 정도 중요한 발전을 거둘 것이라 생각합니다." 결국 이것은 다소 낙관적인 기대였던 것으로 밝혀졌다. 실제로 많은 비평가들은 그 이후로 AI가 약속에 비해 성과가 부족했다고 주장한다.

여러분도 짐작하겠지만 다트머스에서 열린 8주 워크숍은 AI 구축에서 중대한 진전을 이루지 못했다. 기계가 생각하게 만드는 일은 매카시와 그 동료들이 상상했던 것보다 훨씬 큰 과학적 도전임이 드러났다. 사실 이 책은 이 선구자들이 그해 여름에 시도했다가 실패한 것을 이루기 위해 우리가 어떤 노력을 해 왔는지에 관한 역사를 짧게 정리한 것이다. 결국 이 워크숍은 AI를 세상에 알리는 계기가 되었다. 어쩌면 이 워크숍이 낳은 가장 중요한 성과는 AI를 구축하는 두 개의 단순하면서도 막강한 접근법일 것이다. 첫 번째는 기호를 이용해서 AI를 구축하는 방법이고 두 번째는 학습을 이용해서 AI를 구축하는 방법이었다. 이 두 가지 접근 방식이 AI의 두 주요 시대를 정의한다. 바로 1990년대까지 이어진 기호의 시대era of symbolic systems, 그리고 그 뒤를 이어 현재 AI에 대한 열광을 일으키고 있는 머신러닝의 시대era of machine learning다.

그래서 이 짧은 역사책도 2부로 나누었다. 1부에서는 인공지능 초기였던 기호의 시대를 탐구한다. 컴퓨터가 체스를 비롯한 많은 게임을 정복했던 것이 이 시대다. 하지만 이 시대는 좌절의 시대이기도 했다. 단순한 게임을 넘어서는 AI를 구축하는 것이 얼마나 힘든 일인지 알게 되었기 때문이다. 하지만 이것이 오히려 안심이 되는 측면이기도 하다. 실리콘으로 복잡한 지능을 구축하는 것은 결코 쉬운 일이 아니었다. 2부에서는 좀 더 최근에 찾아온 인공지능 학습의 시대를 탐구한다. 우리는 AI를 직접 프로그래밍하려는 시도를 멈추고, 대신 컴퓨터가 스스로 지능을 학습하게 만들었다. 당신이 지금 할 수 있는 지능적 과제 대부분을 스스로 배웠듯이 컴퓨터도 이제는 읽고, 글을 쓰고, 수학을 하는 법을 학습했다. 이것이 현재로 이어져 AI 챗봇인 챗GPT 등 근래의 성공으로 이어졌다. 챗GPT는 인터넷의 많은 부분을 읽는 법을 배웠다.

  이 책은 역사책으로는 드물게 미래를 전망하는 것으로 마무리하고 있다. 인공지능의 역사가 마무리되려면 한참이 남았다. 우리가 스스로 생각할 줄 아는 기계를 구축하는 데 성공하면 무슨 일이 일어날까? 그러기까지 얼마나 오래 걸릴까? 그리고 AI가 인류에게 실존적 위협이 될 수 있을까?

  이 역사책은 또 다른 면에서도 독특하다. 역사책은 보통 특출난 인물과 획기적인 사건들을 다루지만 이 책은 다르다. 이 책은 단지 여섯 가지 개념을 다룬다. 그게 전부다. 각 개념마다 챕터를 하나씩 부여할 것이다. 그리고 여러분이 AI를 제대로 이해할 수 있도록 어느 정도는 기술적인 설명도 마다하지 않겠다. 이렇게 함으로써 당신이 언론을 통해 듣고 믿고 있는 것처럼 AI가 마법 같은 존재가 아님을 이해할 수 있을 것이다.

물론 이 과정에서 탁월한 인물들도 만날 것이다. 예를 들면 앞에서 언급했던 존 매카시, 그리고 영국 50파운드 지폐에 얼굴이 실린 훨씬 더 위대한 인물인 앨런 튜링 등이다. 그리고 AI가 인간을 뛰어넘어 최초의 세계 챔피언 자리를 꿰찬 획기적인 순간에 대해서도 듣게 될 것이다.

시작하기에 앞서 아서 사무엘Arthur Samuel이 말했던 경고를 다시 한 번 언급하고 싶다. 사무엘은 1956년 다트머스 회의 참석자 중 한 명이자, 체커 게임을 하는 획기적인 AI 프로그램을 만든 사람이다. 이 프로그램은 학습기계의 힘을 처음으로 보여준 사례였다. 1962년에 그는 이렇게 썼다.

> 언제나 그렇듯이 혁명이 일어날 때는 그 주변에 광적인 사람들이 등장하기 마련이다. 이들은 마법을 믿거나, 새로운 대의에 대한 열정에 휩싸여 터무니없는 주장을 함으로써 전 분야에 대한 신뢰를 갉아먹는다. 인공지능 분야에는 이런 사람들이 특히 더욱 많았을 것이다. (…) 그럼에도 현재 인간의 시간을 많이 잡아먹는 단조로운 업무들을 머지않은 미래에 기계들이 도맡아 하게 되리라는 점은 확실해 보인다. 인공지능은 미신도, 인간에 대한 위협도 아니다.[2]

그래서 나는 다소 개인적인 관점에서 바라본 이 책을 통해 AI를 둘러싼 터무니없는 주장, 미신, 위협들을 걷어내고 여러분이 그 안에 숨겨진 본질을 꿰뚫을 수 있도록 도우려 한다.

## 영화 속 AI

영화는 AI에 대한 인식을 바로잡고 AI를 구축하려는 노력을 모두 주도해왔다. 예를 들어 오픈AI는 2013년 영화 〈그녀〉에서 인공지능 운영체계 목소리인 사만다를 연기한 스칼렛 요한슨의 목소리를 챗GPT의 인터페이스로 사용하고자 라이센스를 획득하려다 실패한 바 있다. 영화에 등장했던 AI의 다른 유명한 사례를 소개한다.

### 〈메트로폴리스〉(1927)

프리츠 랑 감독이 제작한 이 고전영화는 최초의 장편 SF 영화 중 하나다. 이 영화의 중심에 있는 마시넨멘슈(Maschinenmensch, 기계-인간)는 미치광이 과학자 로트왕이 디스토피아 도시 메트로폴리스의 억압받는 노동자들 사이에서 사랑받는 인물인 마리아를 흉내 내기 위해 설계한 인간형 로봇이다.

### 〈금지된 행성〉(1956)

이 고전적인 SF 영화에서 로봇 로비Robby the Robot는 고도로 발달한 자율적이고 친근한 기계 하인이다. 로비는 여러 TV 시리즈물에 게스트로 출연한 바 있다. 예를 들어 〈애덤스 패밀리〉의 1966년 에피소드 '러치의 작은 도우미'에서 스마일리라는 배역으로 등장했다.

### 〈블레이드 러너〉(1982)

이 영화에 등장하는 복제인간들은 타이렐Tyrell 회사에서 생명공학으로 설계한 AI 기반 로봇으로, 사실상 인간과 동일하게 만들어졌으며 우주 노동에 사용된다. 복제인간들은 힘, 민첩성이 강화되어 있으며, 일부는 지능도 더 뛰어나다. 하지만 이들은 감정과 자기인식self awareness이 생겨나는 것을 막기 위해 수명이 4년으로 제한되어 있다. 배우 룻거 하우어가 연기했던 가장 유명한 배역인 복제인간 로이 베디는 영화 역사상 가장 감동적이고도 유명한 죽음의 독백 중 하나를 남긴다. "나는 너희 인간들이 믿지 못할 것들을 봤지. (…) 오리온자리 너머에서 불타던 공격선도 보았고 (…) 탄호이저 게이트 근처 어둠 속에서 반짝이는 C-빔들도 보았어. 그 모든 순간이 시간 속으로 사라지겠지. 빗속의 눈물처럼 (…) 죽을 시간이야."

### 〈터미네이터〉(1984)

이 영화에서는 스카이넷이라는 인공지능 방어 네트워크가 자아를 갖게 되어 인간을 자신의 존재를 위협하는 대상으로 인식한다. 스카이넷은 스스로를 보호하기 위해 심판의 날Judgement Day이라는 핵 재앙을 일으킨다. 그리고 거의 파괴가 불가능한 사이보그 터미네이터를 과거로 보내 사라 코너를 죽여 그녀가 인간 저항군의 지도자를 낳는 것을 막으려 한다. 2000년대 초반에 중국에서는 스카이넷이라는 대규모 감시 네트워크를 개발하기 시작했다. 중국 〈인민일보〉에 따르면 스카이넷은 1초 만에 1억 명 이상의 얼굴을 스캔할 수 있다고 한다.

### 〈엑스 마키나〉(2014)

이 영화에 등장하는 에이바는 복잡한 사고, 감정, 그리고 자아인식까지 가능한 고도로 발전된 인간형 로봇이다. 에이바의 진짜 사람 같은 외모와 행동은 인간과 기계 사이의 경계를 모호하게 만든다. 임페리얼 칼리지의 인지로봇공학 교수이자 딥마인드의 선임 과학자인 머레이 샤나한Murray Shanahan 교수가 이 영화의 고문으로 참여했다.

### 〈트랜센던스〉(2014)

AI 연구자 윌 캐스터 박사가 테크노 테러리스트들에게 치명적인 부상을 입자 그의 아내와 친구가 그의 의식을 슈퍼컴퓨터에 업로드한다. 이 AI가 능력을 확장하면서 사회를 변혁하지만, 동시에 통제되지 않는 힘에 대한 두려움이 커진다. 일론 머스크가 이 영화에서 엑스트라로 잠깐 등장했는데, 그는 1

년 후에 오픈AI를 공동 창립했다.

〈미션 임파서블: 데드 레코닝〉(2023)
'엔티티'라는 악당 AI가 지구의 안보를 위협한다. 원래는 미국의 첨단 사이버 무기였던 이 AI가 지각을 갖게 되자 자신을 만든 사람들보다 더 똑똑해지면서 방위 시스템과 금융 네트워크를 마음대로 조작한다. 이단 헌트와 그의 IMF 팀은 엔티티를 파괴하기 위해 나서지만 손쉽게 통신을 해킹하고 인간을 사칭하는 이 강력한 적을 상대하기는 만만치 않다.

## AI의 선사 시대

인공지능의 공식 출생지는 1956년 다트머스 워크숍이지만, 사람들이 생각한 것은 그때가 처음이 아니었다. 하지만 컴퓨터에 접근할 수 없었던 1956년 이전에는 그런 꿈을 키워나갈 방법이 많지 않았다. 다만 탁월한 사상가라면 이야기가 달랐다.

아마도 1956년 이전에 생각하는 기계에 대해 생각했던 가장 탁월한 지성인이라면 영국의 수학자 앨런 튜링을 꼽을 수 있을 것이다. 〈타임〉에서는 튜링을 20세기 가장 중요한 100인 중 한 명으로 선정했다. 우리가 지금 살고 있는 디지털 시대를 탄생시키는 데 그 누구보다도 그의 공이 컸다.

2차 세계대전 동안 앨런 튜링은 봄브Bombe라는 아름다운 이름이 붙은 최초의 실용 계산장치 중 하나를 만드는 데 도움을 주었다. 이것은 독일의 군사암호인 이니그마Enigma를 해독하는 데 사용되었으며, 종전을 적어도 2년 앞당겨 수백만 명의 목숨을 구한 수학적 업적으로 평가받고 있다. 암호해독이라는 업적을 이루기 전이자 또 지구상에 있는 그 누구도 전자 컴퓨터를 실제로 만들기 전이었던 1936년에 앨런 튜링은 컴퓨터의 추상적인 수학모델을 고안했다. 이 모델은 단순하면서도 대단히 막강했다. 당신이 들고 있는 스마트폰에서 가장 빠른 슈퍼컴퓨터까지 모든 것을 이 모델로 설명할 수 있다.

튜링은 간단한 질문에 대답하고 싶었다. 기계가 계산할 수 있는 것은 무엇일까? 예를 들어 페르마의 마지막 정리 같은 복잡한 수학 결과를 증명할 수 있을까? 아니면 사랑에 빠지는 행위에 관해 아름다운 소네트(14행으로 구성된 영시-옮긴이)를 쓸 수 있을까? 그는 생각하는 기계를 만들 거라면 그 한계가 무엇인지 아는 게 좋겠다고 추론했다. 튜링은 이 질문에 대해, 생각하는 기계는 자신의 컴퓨터 수학모델이 계산할 수 있는 것은 무엇이든 계산할 수 있다는 정말로

- 슬프게도 앨런 튜링은 내가 태어나기 전에 죽었기 때문에 직접 만날 기회는 없었다. 하지만 AI 분야는 좁기 때문에 다른 많은 이들처럼 나도 학문적 연결고리가 있다. 튜링은 케임브리지 대학교의 루드비히 비트겐슈타인Ludwig Wittgenstein 밑에서 공부했다. 비트겐슈타인의 다른 박사 과정생 중 한 명이 굿스타인 정리Goodstein's theorem로 유명한 수학자 루벤 굿스타인Reuben Goodstein이었고 굿스타인의 박사과정 대학원생 중 한 명이 앨런 번디Alan Bundy였는데, 그는 나중에 에든버러 대학교의 인공지능학과 교수가 되었고 이후에는 나의 박사 과정 지도교수가 되었다.

이것은 앞으로 다가올 것에 대한 맛보기이자 앞으로 존재할 것의 그림자에 불과하다 _영국 50파운드 지폐에 적혀 있는 앨런 튜링의 말

단순한 대답을 내놓았다. 마치 동어반복처럼 보이는 답이었다. 그리고 그 연장선에서, 그의 수학모델로 계산할 수 없는 것이 있다면 아무리 크고 빠른 컴퓨터를 만들어도 도움이 되지 않는다고 했다. 튜링이 고안한 컴퓨터 수학모델을 지금은 '튜링 기계Turing machine'라고 부른다. 그리고 튜링은 어떤 기계도, 심지어 오늘날의 가장 빠른 슈퍼컴퓨터조차 계산할 수 없는 여러 가지 문제를 확인했다. 예를 들어 우리는 비행기의 제어 시스템이 절대 멈추지 않기를 바라고, 또 그것을 확인하고 싶어 한다. 하지만 튜링은 이것이 일반적으로 계산할 수 없는 문제라는 것을 확인했다.

정말 놀라운 일이 아닐 수 없다. 우리가 최초의 전자컴퓨터를 물리적으로 만들어내기도 전에 앨런 튜링은 그것, 그리고 사실상 그 후로 출시된 모든 컴퓨터가 수행할 수 있는 계산의 근본적 한계를 이미 밝혀둔 것이다. 마치 라이트 형제 중 한 명인 오빌 라이트Orville Wright가 노스캐롤라이나 키티 호크의 모래언덕 위에서 최초의 비행에 성공하기도 전에, 훗날 고속 비행에서 음속이 장벽으로 작용하게 될 것이라고 예견하는 것에 비유할 수 있다. 이 책을 불가능한 꿈의 역사라고 무시할까 봐 말하자면, 튜링이 우리가 계산할 수 있는 것과 없는 것은 무엇인지에 관해 밝힌 한계에는 인공지능은 포함되지 않는다. 그의 결과는 AI의 가능성, 즉 생각을 계산으로 환원하는 가능성에 대해서는 열려 있다.

튜링은 컴퓨터의 한계를 발견한 것만으로도 AI 역사책에서 한 자리를 차지하기에 부족함이 없다. 하지만 그가 기여한 부분은 이런 한계를 밝혀낸 것에서 그치지 않는다. 1950년에 앨런 튜링은 AI에 관한 최초의 과학 논문이라고 여겨지는 글을 썼다. 그 논문은 이렇게 시작한다. "나는 '기계가 생각할 수 있는가?'라는 질문을 고려하고자 한다."[3]

그는 1936년에 일찍이 '기계'라는 단어의 정의를 훌륭하게 내린 바 있다. 하지만 '생각하다'라는 단어의 의미가 무엇이냐는 문제는 여전히 남아 있었다. 튜링은 기발한 아이디어로 이 문제의 정의를 피해갈 것을 제안했다. 그는 이것을 '모방 게임'이라 불렀다. 하지만 지금은 흔히 '튜링 테스트Turing test'라고 불린다. 사람이 원격으로 기계와 대화를 하면서 자신의 대화 상대가 사람인지 기계인지 구분할 수 없다면 그 기계가 생각한다고 말할 수 있지 않을까?

튜링 테스트에 대한 비판도 있다. 우리가 사람을 속여 자기를 인간이라 믿게 만들려는 기계를 만들어야 한단 말인가? 사람과 기계를 구분할 수 있는 질문은 무엇인가? 그리고 기계는 사람처럼 세상을 경험할 수 없는데 이것이 정녕 공정한 테스트인가? 기계가 이 테스트에 실패한다면 그것은 정말로 기계가 생각할 수 없다는 의미일까? 이런 우려에도 불구하고 튜링 테스트는 나 같은 AI 연구자가 무엇을 하려는지 감을 잡을 수 있게 해준다. 우리는 생각할 줄 알아야 실행할 수 있다고 믿는 사람의 일을 컴퓨터도 할 수 있게 하고자 한다. 여기에는 감지, 추론, 행동 등이 포함된다. 우리가 보고 듣는 것을 이해하고, 우리가 보고 듣는 것을 추론한 다음, 계획을 세우고 그에 따라 행동하는 것이다. 이 모든 것은 지능을 필요로 한다. 따라서 로봇이 세상 속에서 감지하고, 추론하고, 행동하게 만들려면 인공지능이 필요하다.

그렇기에 앨런 튜링은 AI 분야의 시작을 도운 천재였다. 슬프게도 그는 다트머스 워크숍이 열리기 2년 전에 세상을 떠났는데 당시 그의 나이는 41세였다. 그의 침대 옆에는 반쯤 먹다 만 사과가 놓여 있었고, 이후 조사에서 청산가리 중독이 그의 사망 원인인 것으로 밝혀졌다. 2009년에 영국의 총리 고든 브라운Gordon Brown은 튜링을 '동성애 행위'로 기소했던 것을 사과했다. 튜링이 이 기소 때문에 사과에 청산가리를 발랐다고 생각하는 사람이 많다.

물론 컴퓨터가 흔해지기 전에 AI에 대해 생각했던 탁월한 인물이 튜링만 있었던 것은 아니다. 여기서 언급할 만한 사람이 몇 명 있다. 에이다 러브레이스Ada Lovelace도 그런 인물 중 한 명이다. 에이다는 시인 로드 바이런Lord Byron의 딸이다. 그리고 앨런 튜링처럼 그녀도 불과 36세의 나이에 비극적인 죽음을 맞이했다. 그녀는 찰스 배비지와 함께 기계식 컴퓨터인 해석기관Analysitcal Engine을 연구했다. 배비지는 빅토리아 시대의 다재다능한 학자로 수학자, 발명가, 기계공학자이면서 정치인으로서의 야망도 가지고 있었다. 런던 과학박물관에 가면 그의 뇌 반쪽을 볼 수 있다. 이상하게도 나머지 반쪽은 6킬로미터 떨어진 왕립 외과의사 대학의 헌터리언 박물관에 있다. 배비지는 단순하지만 중요한 야심을 품고 있었다. 항해와 포술에 사용되는 수학표의 오류를 줄이는 것이었다. 그래서 그는 빅토리아 여왕 시대의 최첨단 기술인 기계식 톱니바퀴와 자카드 직기(Jacquard loom, 천공카드를 이용해서 복잡한 무늬의 천을 자동으로 짤 수 있게 만든 직물 직기-옮긴이)의 천공카드를 활용해 오류 없이 수학표를 계산할 수 있는 프로그래밍 컴퓨터를 설계하려 했다.

   배비지의 해석기관은 현대 컴퓨터에서 볼 수 있는 부품이 많이 들어 있다. 데이터를 저장하는 메모리, 연산을 수행하는 논리장치, 심지어 출력물을 생성하는 프린터까지 있었다. 이것은 서로 다른 프로그램을 읽고 수행할 수 있는 놀라운 장치였다. 배비지는 이것을 '스스로 철로를 까는 기관차'처럼 '자기 꼬리를 먹을 수 있는 존재'라고 인상적으로 설명했다. 안타깝게도 해석기관은 완성되지 못했지

놀라운 에이다 러브레이스

만 만약 완성되었다면 단지 속도만 느릴 뿐, 오늘날 최고 속도를 자랑하는 슈퍼컴퓨터가 할 수 있는 것은 무엇이든 계산할 수 있는 튜링 기계가 되었을 것이다. 그런 기계식 괴물이 빅토리아 시대의 영국을 어떻게 변화시켰을지 상상해볼 만하다.

에이다 러브레이스는 분명 배비지의 놀라운 해석기관이 품고 있는 가능성에 매료되어 있었다. 그리고 그녀 역시 나이 많은 찰스 배비지를 매료시켰다. 그는 그녀를 '수의 마법사'라고 불렀다. 하지만 내 생각에는 그녀가 매혹시킨 것이 수만은 아니었을 것 같다.

해석기관의 잠재력을 보여주기 위해 러브레이스는 복잡한 컴퓨터 프로그램을 세계 최초로 작성했다. 그 프로그램이란 베르누이 수

Bernoulli Numbers를 계산하는 일련의 명령 집합이다. 즉, 최초의 컴퓨터 프로그래머는 여성이었던 것이다. 초기의 수많은 '컴퓨터(computer, 튜링의 기계가 등장해서 힘든 계산을 대신하기 전에 복잡한 천문학 계산 및 기타 계산을 담당했던 사람들을 컴퓨터라 불렀고, 이들은 대부분 여성이었다)'들이 그랬던 것처럼 말이다.

> 베르누이 수는 탄젠트 함수의 근사치 구하기 등 수학에서 응용할 곳이 많은 중요한 수열이다. 이 수열은 1, 1/2, 1/6, 0, -1/30, 0, 1/42, 0, -1/30, 0, 5/66, 0, -691/2730, 0, 7/6, 0, -3617/510 등으로 무한히 이어진다.

하지만 러브레이스는 단순히 베르누이 수를 계산하는 것에서 그치지 않고 해석기관에 대해 더 야심찬 꿈을 품고 있었다. 그녀는 이렇게 적었다.

> 이것을 수 이외의 다른 것에도 작동할 수 있을 것이다. (…) 예를 들어 화성학과 작곡에서 음높이 간의 기본 관계를 그런 식으로 표현하고 조정하는 것이 가능하다고 가정하면, 해석기관은 아무리 복잡하고 규모가 커도 정교하고 과학적인 음악 작품을 작곡할 수 있을 것이다. 그렇다면 자카드 직기가 꽃무늬와 이파리 무늬를 엮어 만들듯 해석기관도 대수학적 패턴을 엮어 만든다고 말할 수 있을 것이다.[4]

세상에! 이것이 다 어디서 나온 말일까? 배비지는 수학표를 계산하는 데 관심이 있었다. 하지만 러브레이스는 어쩐 일인지 100년 앞을 내다본 듯 컴퓨터가 소리, 이미지, 동영상, 그리고 수 외의 다른 많은 것들을 조작하는 미래를 예견했다. 당신의 스마트폰은 결국 하나의 작은 컴퓨터다. 이것이 그토록 다재다능한 이유는 수만이 아니라 소리, 이미지, 동영상을 조작할 수 있기 때문이다. 그래서 스마트폰은 부분적으로는 음악 플레이어이자 카메라이고, 동영상 레코더이며 게임 엔진이다.

러브레이스는 컴퓨터가 단순히 숫자 계산 이상의 것을 할 수 있다는 아이디어를 제시한 사람이면서 동시에 인공지능을 처음으로 비판한 사람 중 한 명이기도 했다. 사실 그녀는 창의적인 기계를 구축한다는 꿈을 일축했다. "해석기관에게는 무언가를 창조하려는 야심이 전혀 없다. 우리가 어떻게 명령을 내려야 하는지만 알면 해석기관은 명령을 받은 것은 어떤 일이든 해낼 수 있다. 해석기관은 분석을 따를 수 있지만 어떤 분석적 관계나 진리를 예측하는 능력은 없다."[5] 그 후로 러브레이스의 비판은 AI 분야를 계속 맴돌며 괴롭혀 왔다. 컴퓨터는 우리가 시킨 일만 한다. 컴퓨터는 인간이 가진 불꽃 같은 창의성이 없다. 인공지능의 역사에서 우리는 AI에 대한 이런 비판을 여러 차례에 걸쳐 시험하고 있다.

AI의 역사를 짧게만 살펴보려고 해도 앨런 튜링, 찰스 배비지, 에이다 러브레이스 외에 만나 보아야 할 걸출한 인물들이 정말 많다.

물론 조지 불George Boole도 꼭 만나보아야 할 사람이다. 그는 독학으로 공부한 링컨 출신의 영국 수학자로 퀸스 칼리지 코크Queen's College, Cork 최초의 수학 교수가 되었다.

1847년에 불은 불 논리Boolean logic를 발명했다. 이것은 현대 컴퓨터의 밑바탕이 된 0과 1의 논리다. 그는 불과 49세의 나이에 사망했는데, 아내인 메리 에버리스트Mary Everest가 침대에 누워 있던 그에게 양동이로 물을 끼얹은 후에 일어난 일이었다. 그리고 고트프리트 빌헬름 라이프니츠Gottfried Wilhelm Leibniz도 만나보아야 한다. 그는 라이프치히 출신의 다재다능한 학자이자, 아이작 뉴턴과 동시대 인물이었다. 그는 미적분학을 발명한 사람이 누구인가를 두고 뉴턴과 논쟁을 벌이다가 시간을 내어 '인간 사고의 알파벳'을 상상해보았다. 그는 각각의 개념을 고유한 기호로 나타내고, 생각을 계산으로 환원할 것을 제안했다.

> 메리 에버리스트는 측량사 겸 지리학자였던 조지 에버리스트George Everest의 조카였다. 에베레스트 산은 그의 이름을 딴 것이다. 메리는 비슷한 것으로 비슷한 것을 치료한다는 동종요법의 신봉자였다. 그런데 하필 조지 불이 비를 맞고 감기에 걸린 것이다. 메리는 동종요법의 원리를 믿고 불에게 물을 끼얹었고, 그 바람에 감기가 폐렴으로 악화되면서 결국 사망에 이르렀다.

- 퀸스 칼리지는 1908년에 코크 대학교로 바뀌었다. 나는 코크 대학교에서 근무할 당시 그렌빌 플레이스 5번가를 자전거로 지나갈 때마다 불이 살면서 그의 걸작 《생각의 법칙에 대한 고찰An Investigation of the Laws of Thought》을 썼던 곳을 기념하는 청동 명판을 보며 그를 떠올렸다.

토머스 홉스Thomas Hobbes도 만나보아야 한다. 그는 영국의 철학자로 훗날 찰스 2세가 되는 찰스 황태자의 가정교사였다. 지금까지 등장했던 인물들과 달리 홉스는 요절하지 않고 91세까지 살았다. 16세기에는 대단한 장수였다. 그 역시 생각을 계산으로 환원하는 상상을 했다.

> 나는 추론reasoning이란 곧 계산computation을 의미한다고 이해하고 있다. 그리고 계산이란 여러 가지를 동시에 더해서 그 합을 모으거나, 한 가지에서 다른 것을 뺐을 때 무엇이 남는지 아는 것이라고 이해하고 있다. 따라서 추론한다는 것은 더하기나 빼기와 같은 말이다.[6]

이것은 놀라운 선견지명이었다. 앨런 튜링이 최초의 전자 컴퓨터 중 하나를 설계하고 구축하는 데 도움을 주기 300년 전이었음에도 홉스는 생각을 단순한 계산으로 환원할 수 있다는 아이디어를 갖고 있었다. 그리고 13세기 카탈루냐의 작가 겸 시인 겸 신학자 겸 신비주의자 겸 수학자였던 라몬 률Ramon Llull도 잊지 말자. 률은 원시적인 논리를 발명했는데 이 논리를 기계적으로 이용하면 한 가지 주제에 진리라고 제기될 수 있는 모든 주장을 찾아낼 수 있었다. 이쯤이면 당신도 예상했겠지만 률 역시 때 이른 죽음을 맞이했다. 그는 이슬람교 군중들을 기독교도로 개종하려다 실패하고 그들의 돌에 맞아 죽은 것으로 보인다. 하지만 이 책에서는 AI의 역사만 짧게 다루다 보니, 이 탁월한 지성인들과 그들의 때 이른 죽음을 부족한 지면에 더 자세하게 다룰 수 없어 유감이다.

## 고대의 꿈

지금까지 길게 이야기를 풀었지만 사실 AI의 역사는 러브레이스, 라이프니츠, 룰과 함께 시작한 것이 아니다. 그보다 훨씬 오래전인 고대의 안개 속, 지능과 의식을 부여받은 인공적인 존재들의 신화 같은 이야기와 함께 시작했다. 오랫동안 인류의 뇌리를 떠나지 않았던 탈로스Talos나 골렘Golem 같은 존재들이다.

그리스 신화에서 탈로스는 크레타 섬 수호를 위해 미노스 왕에게 준 청동 거인으로, 불의 신 헤파이스토스가 만든 존재였다. 오늘날 탈로스는 훨씬 더 걱정스러운 창조물인 가상화폐 거래소로 변모했다. 유대교 신화에서 골렘은 진흙이나 흙으로 빚어 생명을 불어넣은 사람과 비슷한 형상이다. 가장 유명한 것 중 하나인 프라하의 골렘Golem of Prague은 프라하 게토를 포그롬(pogrom, 특정 민족이나 종교 집단을 대상으로 이루어지는 조직적이고 폭력적인 학살이나 탄압-옮긴이)을 포함한 각종 반유대주의 공격으로부터 방어하기 위해 만들어졌다. 그리고 프라하의 골렘과 마찬가지로 골렘은 많은 이야기에서 지시를 너무 문자 그대로 따르거나 무단으로 사라져 인간 창조자들에게 문제를 일으킨다. 이처럼 골렘은 우리의 발명품이 우리의 통제를 벗어날지도 모른다는 머릿속 깊숙이 새겨져 있는 불안을 건드리는 동시에 매혹을 자아낸다. 이것은 메리 셸리Mary Shelley가 1818년에 발표한 문학의 걸작 《프랑켄슈타인》에서 탐구해서 유명해진 주제다.

셸리의 소설이 진정한 최초의 SF 소설이라 주장할 수 있지만, 이것은 앞만 보는 SF가 아니라 이런 고대의 신화들도 되짚어보게 하는 SF다. 괴물이 빅터 프랑켄슈타인 박사의 친구와 사랑하는 이들을 죽일 것이며, 그를 완전히 파멸시킬 때까지 절대 멈추지 않겠다고 위협한 것을 잊지 말아야 한다. 죽은 아버지의 복수를 위해 괴물을 뒤쫓던 프랑켄슈타인 박사는 결국 본인이 먼저 죽음을 맞이하고 만다.

선지자 메리 셸리

《프랑켄슈타인》의 원제는 '프랑켄슈타인, 혹은 현대의 프로메테우스'다. 이 제목이 암시하듯 셸리의 소설은 인류를 오랫동안 괴롭혀온 프로메테우스적 공포를 소재로 한다. 프로메테우스는 인간에게 불을 준 대가로 매일 독수리에게 간을 쪼이는 벌을 받은 꾀 많은 거인이다. 그의 이야기는 신이 준 선물을 가지고 놀았다가는 우리 모두를 불태워버릴지도 모른다는 두려움을 불러일으킨다. 기술은 종종 의도하지 않았던 바람직하지 못한 결과를 낳는다. 불은 우리에게 따뜻함과 요리를 선물했지만 전쟁과 파괴도 주었다. 내연기관은 이동성과 산업을 주었지만 지금은 우리에게 기후변화를 안겨주고 있다. 원자를 쪼갬으로써 우리는 더 저렴한 친환경 에너지를 얻었지만 핵폭탄이 함께 따라왔다. 그리고 이제는 컴퓨터가 우리에게 인공지능을 선사하고 있다. 인공지능에 따라오는 의도하지 않았던 바람직하지 못한 결과는 무엇이 될까?

분명히 눈에 보이는 여러 가지 위험이 존재한다. 세계 경제는 대규모의 실업과 소득 불평등이라는 문제와 씨름하게 될까? 민주주의가 잘못된 정보와 허위 정보의 바닷속으로 침몰하지는 않을까? 살인 로봇이 전쟁의 양상을 끔찍하게 뒤바꿔 놓을까? 다양한 부정적인 결과를 어렵지 않게 상상할 수 있다.

물론 인공지능에는 커다란 장점도 존재한다. 사실 AI는 이미 당신의 삶을 개선하는 데 큰 역할을 하고 있다. 신약도 개발 중이다. 가장 최근에 나온 항생제인 할리신Halicin은 사람의 지능이 아니라 인공지능을 통해 발견됐으며 영화 〈2001 스페이스 오디세이〉에 등장하는 AI, HAL의 이름을 따서 지었다. 요즘에는 인공지능이 뇌 스캔 영상을 보고 알츠하이머병의 초기 증상을 감지하고, 금융 사기도 효율적이고 효과적으로 찾아내며, 노화된 수도관이 문제를 일으키기 전에 예방 정비 일정을 잡아주고, 사이클론의 경로를 예측해서 사람들의 목숨도 구한다.

하지만 인공지능의 탐구는 그저 우리의 삶을 개선하는 기술을 만드는 수준을 뛰어넘는, 훨씬 심오한 이야기다. 이것은 기술에 관한 이야기이자 우리 자신에 관한 이야기이기도 하다. 이것은 우리 존재의 핵심을 파고드는 두 가지 근본적인 질문을 던진다.

인간의 지능이 가진 특별함은 무엇인가?

그리고 실리콘 속에서 그것을 길들여 구축할 수 있는가?

이 두 가지 심오한 질문에 대한 답은 오직 역사만이 말해줄 수 있을 것이다.

THE
SHORTEST
HISTORY
OF AI

# 1부

## 기호의 시대

# IDEA 1

## 해답을 탐색하기

　AI는 기호의 시대와 함께 시작한다. 이 시대는 1956년 다트머스에서 시작해 1990년대까지 이어지다가 학습의 시대에 자리를 내어주었다. 하지만 기호의 시대의 뿌리는 1956년 이전으로 거슬러 올라가며, 앨런 튜링과 에이다 러브레이스를 지나 고대 그리스, 중국, 인도, 이슬람 문화에까지 닿아 있다.

　예를 들면 아리스토텔레스는 기원전 3세기 아테네에서 최초의 기호 논리학symbolic logic 중 하나를 개발했다. 실제로 당신도 논리의 개념을 그의 유명한 3단 논법을 통해 처음 접했을 가능성이 높다. '모든 인간은 죽는다. 소크라테스는 인간이다. 따라서 소크라테스는 죽는다.• 여기서 '인간', '죽는다', '소크라테스'는 기호에 해당한다. 이 단어들은 각각 인간, 생명의 유한성, 소크라테스라는 인간을 상징하고 있다. 이 기호들을 '곰', '갈색', '크누트Knut'로 대체할 수도 있다. 이것은 각각 곰, 갈색이라는 속성, 유명한 북극곰 크누트를 상징한다. 여기에 아리스토텔레스의 유명한 3단논법을 적용하면 다음과 같다. '모든 곰은 갈색이다. 크누트는 곰이다. 따라서 크누트는 갈색이다.' 물론 모든 곰은 갈색이라는 진술을 통해 나는 크누트 같은 하얀 북극곰에 대해 문제 있는 결론을 유도할 수 있다. 하지만 그런 문제를 제쳐두면 컴퓨터가 이런 기호들을 쉽게 조작할 수 있다는 점을 어렵지 않게 이해할 수 있다. 그래서 기호는 컴퓨터가 단순히 계산만이 아니라 추론을 하는 데 중심적인 역할을 한다.

    서구 우월주의에 빠지면 지구 다른 지역에서 중요하게 기여한 부분은 간과하기 쉽다. 예를 들어 아리스토텔레스보다 2세기 앞서 살았던 고대인들의 산스크리트어 문헌인 니야야 수트라Nyāya Sūtras에서도 3단 논법을 찾아볼 수 있다. 논리학파Logicians는 그 이름에서도 알 수 있듯이 아리스토텔레스와 비슷한 시기에 논리적 논쟁에 관심을 두었던 철학 학파지만, 아테네와는 거리가 먼 중국 주(周) 왕조에서

---

• 이 예시가 성차별을 담고 있다는 점에 대해 사과드린다. 영어 원문에는 남성을 의미하는 단어 'man'을 사용하고 있다. 여성 역시 죽는다. 사실 인간이라는 유한한 존재는 모두 여성에게 결정적으로 의존하고 있다!

크누트가 2007년에 베를린 동물원에 처음 등장했을 때의 모습

활동했다.

그럼 기호는 AI의 근본이라 할 수 있다. 이것은 놀랄 일이 아니다. 지능은 언어와 연관되어 있다. 그렇다면 언어야말로 사고의 재료가 아닐까? 그리고 언어 자체는 한 무더기의 기호에 불과하다. 실제로 기호는 AI가 직면하고 있는 가장 근본적인 문제 중 하나인 소위 '기호 접지 문제symbol grounding problem'를 일으킨다. 어떻게 하면 컴퓨터에 들어 있는 기호를 실제 세상에서 표상하는 대상과 접지ground 혹은 연결할 수 있을까? 크누트라는 단어를 슬프게도 지금은 세상을 떠난 크누드린 이름의 북극곰과 어떻게 연결할 것인가? 유명한 미국의 철학자 겸 AI 회의론자인 존 설John Searle은 유명한 '중국어 방 논증Chinese room argument'에서 이 문제를 이렇게 지적했다.

IDEA 1 해답을 탐색하기

중국어를 전혀 모르는 영어 원어민이 중국어 기호(데이터베이스)가 담긴 상자로 가득한 방에 기호를 조작하는 법(프로그램)을 설명하는 책과 함께 갇혔다고 상상하자. 그리고 방 밖에 있는 사람들이 다른 중국어 기호들을 방 안으로 보내준다고 상상하자. 방 안에 있는 사람들은 모르고 있지만 방 안으로 들여보내는 중국어 기호들은 중국어로 된 질문(입력)이다. 그리고 방 안에 있는 사람은 프로그램에 포함된 지시를 따라 이 질문에 올바른 답변을 중국어 기호(출력)로 작성해서 밖으로 내보낼 수 있다고 상상해 보자. 이 프로그램 덕분에 방 안에 있는 사람은 중국어 이해력을 검사하는 튜링 테스트를 통과할 수 있지만, 정작 본인은 중국어를 한 단어도 모른다.[1]

설의 중국어 방은 컴퓨터에게 '정신', '이해', 그리고 어쩌면 '의식'이 있을 수도 있다는 주장을 반대하는 논증이다. 다행히도 그의 논증은 AI라는 개념에는 열려 있다. 설 자신이 상정한 바와 같이 그런 중국어 방이 실제로 존재할 수도 있다. 우리가 알고 있는 한 이런 것이 존재한다고 해서 물리법칙 위반은 아니다. 중국어 방에 들어 있는 기호들을 바깥 세계에 있는 연관 개념과 연결하는 데는 어려움이 있겠지만 말이다. AI 프로그램은 중국어 방처럼 중국어 질문에 지능적으로 답할 수 있다. 그 기호를 이해하거나 실제와 접지하지 않고도 말이다.

더 넓은 세상의 개념들을 기호로 표상한다는 이런 아이디어를 사실 우리 모두는 일상에서 널리 활용하고 있다. 예를 들어 우리는 기꺼이 국가 전체를 두 자릿수로 나타낸다. 오스트레일리아는 61, 벨기에는 32, 중국은 86, 덴마크는 45, 이집트는 20, 프랑스는 33이다. 눈치챘겠지만 이것은 국가 전화번호다. 전화 네트워크는 이런 수학 기호를 이용해서 통화를 연결하는 방대한 분산 컴퓨터에 지나지 않는다. 항공에서는 세 글자로 된 기호가 공항을 나타낸다. SYD는 시드니 킹스포드 스미스 공항, JFK는 뉴욕의 케네디 국제공항, PEK는 베이징 국제공항, LHR은 런던 히스로 공항이다. 기호가 세상을 하나로 연결한다. 에이다 러브레이스가 예측했듯이 우리는 수학 기호를 이용해서 음표, 단어에 들어 있는 글자, 그림 속의 점을 표현할 수도 있다. 당신의 스마트폰에 들어 있는 사진은 0과 1의 긴 문자열에 지나지 않는다. 그리고 당신의 상사가 방금 남긴 음성메시지 역시 마찬가지다.

기호의 역할을 고려하면 AI에 있어서 근본적인 질문은 간단명료하다. 어떻게 하면 의미 있는 방식으로 기호를 조작할 것인가? 이 질문은 자연스럽게 오늘날 AI에서 중심이 되는 여섯 가지 개념 중 첫 번째로 이어진다. 이것은 기호를 조작하기 위한 개념이다. 그리고 이것은 터무니없을 정도로 간단하다. 많은 문제는 결국 해답을 탐색하는 과정으로 단순화할 수 있다.

이것은 그냥 간단한 정도가 아니라 너무 자명하게 들리니까, 살짝 더 복잡하게 들어가 보자. AI의 많은 문제는 컴퓨터의 시작 상태 starting state를 나타내는 기호에서 출발해 목표 상태 goal state를 의미하는

IDEA 1 해답을 탐색하기           45

기호에 도달할 때까지 세상의 내부 표상internal representation을 탐색하는 것으로 단순화할 수 있다.

이것이 새로운 개념은 아니다. 이를 내비게이션이라고 한다. 우리는 지도를 보며 출발점에서 원하는 도착점까지의 경로를 탐색한다. 우리는 늘 이런 일을 하고 있다. 런던 지하철에서 지도를 활용해 본드 스트리트를 지나 킹스 크로스까지 가는 경우를 예로 들어보자. 본드 스트리트에서 센트럴 라인을 타고 옥스포드 서커스까지 간 뒤, 빅토리아 라인으로 갈아타고 워렌 스트리트를 거쳐 유스턴을 지나 킹스 크로스에 도착할 수 있다. 유일한 차이점은 우리가 직접 지도를 보며 경로를 탐색하는 대신 컴퓨터가 그 일을 할 수 있다는 것이다. 사실 지도를 지능적으로 탐색해 이런 경로를 효율적으로 찾아주는 특화된 AI 알고리즘이 있다. 이 알고리즘은 너무 유명해서 A* 탐색A* search이라는 이름까지 있다. 본드 스트리트를 지날 때 이 알고리즘은 서쪽 마블 아치로 가지 않고 동쪽 옥스퍼드 서커스로 향하는데, 이렇게 가야 최종 목적지인 킹스 크로스에 더 가깝기 때문이다.

A* 탐색 알고리즘은 셰이키Shakey라는 로봇을 안내하기 위해 1968년에 발명되었다.[2] 캘리포니아 멘로파크에 있는 스탠퍼드 연구소Stanford Research Institute에서 만든 셰이키는 이름에서 짐작할 수 있듯이 다소 불안정하게 흔들리는 로봇이다. 이것은 영화에서나 볼 법한 제대로 된 로봇을 만들기 위한 첫 번째 시도였다. 이 로봇에는 세상을 볼 수 있는 카메라, 명령을 들을 수 있는 마이크, 주변을 돌아다니기

위한 바퀴와 모터, 판단하기 위한 온보드 컴퓨터가 장착되어 있었다. 셰이키는 2004년에 HAL 9000, R2-D2, C-3PO, 로봇 로비Robby the Robot와 함께 카네기 멜론 대학교의 로봇 명예의 전당에 입성했다.

셰이키의 컴퓨터에는 자신의 세상을 담은 디지털 지도가 들어 있다. 그리고 우리는 셰이키에게 과제를 낼 수 있다. "셰이키, 도서관에 가서 책을 가져와" 하면 로봇은 A* 탐색을 이용해 자신의 디지털 지도에서 현재의 위치 기호부터 도서관 기호까지 경로를 찾아낸다. 그

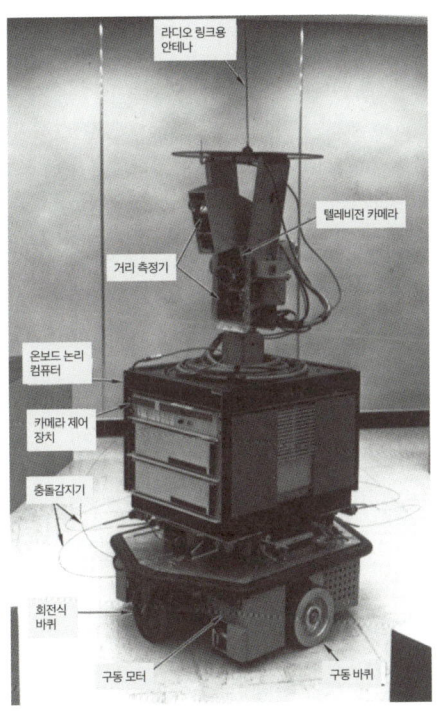

주변을 어떻게 돌아다녀야 할지 판단할 수 있는 최초의 이동형 로봇 셰이키

럼 셰이키의 모터가 이 경로를 따라가면서 카메라, 거리 측정기 센서, 충돌 감지기를 이용해서 목적지로 향하는 과정을 모니터링한다.

항상 길을 잘 찾지는 못하는 인간과 달리 A* 탐색은 수학적으로 완벽하다. 이게 무슨 말일까? 첫째, 완전하다. A에서 B로 가는 경로가 존재한다면 A* 탐색은 반드시 그것을 찾아낸다. 둘째, 최적의 작동을 한다. A* 탐색이 찾아내는 경로는 목적지에 도달하는 최단 경로다. 그리고 셋째, 이것은 최대한 효율적으로 작동한다. 즉 목적지까지 도달하는 최단 경로를 찾을 때 A* 탐색은 지도를 최소한으로 탐색한다. 이보다 덜 검색하면서 이 경로를 찾아낼 수는 없다! A* 탐색은 본드 스트리트에서 킹스 크로스로 갈 때 마블 아치로 가는 경우는 고려하지 않을 것이다.

A* 탐색을 AI의 역사에서 등장한 흥미로운 작은 일화로 치부해서는 안 된다. 이것이 오늘날 여러분의 일상에서 접하는 가장 흔한 AI 사례 중 하나일 가능성이 높기 때문이다. 당신의 스마트폰 내비게이션이나 자동차의 GPS가 방향을 지시할 때마다 A* 탐색을 이용하는 작은 AI 프로그램이 현재의 교통 상황, 도로 폐쇄 구간, 시간표 정보 등을 고려해서 최단 경로를 찾아낸다. 물론 여기에는 역설이 있다. A* 탐색은 원래 로봇에게 지시를 내리기 위해 설계된 것인데 지금은 거꾸로 기계가 사람에게 지시하기 위해 사용되고 있다는 점이다. 여러분의 경우는 어떤지 모르겠지만 내 삶은 이것 덕분에 크게 향상됐다. 길을 잃고 헤매는 시간이 줄어들었고, 목적지에 거의 제시간에

도착하는 경우가 훨씬 많아졌다.

## 최초의 인공 수학자

해답 탐색하기라는 이 단순한 개념을 한 단계 위로 끌어올릴 수 있다. 그래서 엄청나게 더 큰 지도를 보거나, 혹은 복잡한 퍼즐을 풀거나 어려운 수학 정리를 증명하는 등 내비게이션보다 훨씬 어려운 문제로 확장시킬 수 있다.

8-퍼즐을 예로 들어보자. 이것은 아이들이 좋아하는 게임으로, 3×3 격자 속에 슬라이딩 타일 8개가 들어 있다. 이 퍼즐의 목표는 타일 8개를 숫자 순서대로 정렬하는 것이다. 이것을 A* 탐색으로 해

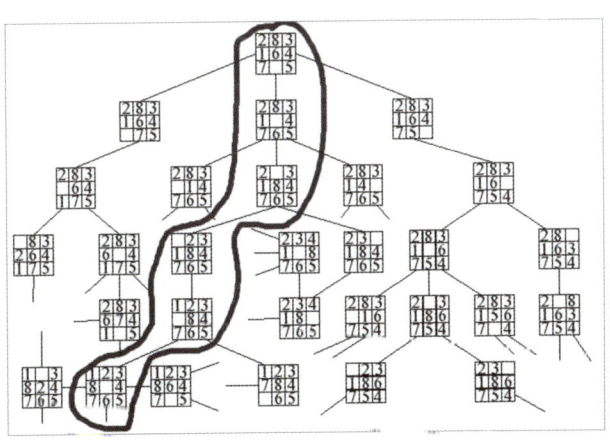

8-퍼즐을 푸는 탐색 문제 예시

답을 찾아가는 문제로 바꿔보자. 이 문제에서 위치는 8-퍼즐의 상태에 해당한다. 그리고 두 상태가 서로 인접해 있다는 것은 타일 하나를 슬라이딩해서 한 상태에서 다른 상태로 옮겨 갈 수 있다는 의미다. 8-퍼즐을 풀려면 시작 상태에서 출발해, 타일들이 숫자 순서로 정렬된 목표 상태까지 가는 경로를 찾아야 한다.

탐색 트리 그림의 위쪽에 나와 있는 시작 상태에서는 빈칸이 맨 아래 행의 가운데에 있다. 첫 이동에서 가운데 칸에 있는 6을 아래로 움직여 가운데에 빈칸을 만든다. 그와 유사하게 두 번째 이동에서는 제일 위 행에서 8을 아래로 움직여 제일 위 행 가운데에 빈칸을 만든다. 이어지는 두 번의 이동에서는 이 빈칸을 반시계방향으로 회전시킨다. 그리고 마지막으로 8을 가운데에서 왼쪽으로 이동시켜 목표 상태에 도달한다. 그럼 숫자들이 가운데 빈칸을 중심으로 차례대로 정렬된다.

셰이키 같은 로봇에게는 지도가 명시적explicit이다. 모든 위치가 특정 기호로 표상되어 있고, 이 지도에는 실세계에서 인접한 위치들을 연결하는 링크가 존재한다. 그런데 그 대신 위치를 암묵적으로 표상한다면? 그럼 무한한 지도도 탐색할 수 있다.

초기 AI 분야의 두 개척자인 앨런 뉴얼Allen Newell과 허버트 사이먼Herbert Simon은 1956년 다트머스 워크숍에서 그들의 논리 이론가Logic Theorist 프로그램을 이용해 이 개념을 입증해 보였다. 당시 뉴얼은 랜드 연구소RAND corporation에 있었지만 산업행정학 교수였던 동료 사이먼과 공동 연구를 이어가기 위해 1961년 카네기 멜론 대학교(당시는 카네기 공과대학교)로 적을 옮겼다. 사이먼은 학문의 경계를 넘나드는 진정한 천재였다. 그는 결국 1978년 노벨 경제학상을 받는다. 그가 관심을 둔 연구 분야는 인지과학, 컴퓨터 과학, 행정, 경영학, 정치과학에 이르기까지 광범위했다. 하지만 그의 모든 연구를 관통하는 기본 줄기는 인간의 의사결정을 과학적으로 이해하고자 하는 노력이었다. 1947년에 그는 이렇게 적었다.

> 합리성을 추구하면서도 지식의 한계에 봉착해 있는 인간은 이런 어려움을 부분적으로 극복한 작업 절차를 개발했다. 이 절차의 핵심은, 제한된 수의 변수와 제한된 범위의 결과를 포함하는 닫힌계closed system를 외부로부터 분리할 수 있다고 가정하는 데 있다.

사이먼과 뉴얼은 논리 이론가 같은 컴퓨터 프로그램을 통해 이러한 '작업 절차'에 대해 기술하기 시작했다.

논리 이론가는 종종 '최초의 AI 프로그램'이라 불린다. 하지만 이것은 사실이 아니다. 1952년에 아서 사무엘Arthur Samuel이 작성한 체커 프로그램이 있었고, 1948년에 앨런 튜링과 그의 친구 데이비드 챔퍼노운David Champernowne이 작성한 체스 프로그램 튜로챔프가 있었다, 이것에 대해서는 곧 알아보겠다. 하지만 논리 이론가는 수학 정리를 증명하도록 설계된 최초의 AI 프로그램으로, 기호를 통한 추론이 얼마나 강력한지 보여주었다. 사실 논리 이론가는 앨프리드 화이트헤드Alfred Whitehead와 버트런드 러셀Bertrand Russell이 집필한 유명 수학 이론서 《수학 원리Principia Mathematica》의 제일 앞에 나온 첫 52개 정리 중 38개를 증명해 보였다.

버트런드 러셀은 수학의 토대를 다시 세울 것이라 기대할 만한 인물이었다. 그는 지금까지 살았던 영국인 중에 가장 똑똑한 사람 중 한 명으로 여겨진다. T.S. 엘리엇이 한번은 런던의 택시 기사가 자신을 알아보았던 얘기를 전했다. 엘리엇은 놀랐다. 시인을 알아보는 경우는 많지 않기 때문이다. 그 택시 운전사는 이렇게 대답했다고 한다. "제가 유명인을 잘 알아봅니다. 며칠 전에는 제 택시 뒷좌석에 버트런드 러셀 경을 태웠죠. 제가 이렇게 말했습니다. '버트런드 선생님. 그런데 선생님이 하시는 일은 대체 뭐에 관한 겁니까?' 그런데 그 똑똑한 양반이 대답을 못하더라고요." 이 이야기는 2015년 4월 18일 매거진 〈스펙테이터The Spectator〉에 실린 '매일 똑같은 이야기The Same Old Song'에서 대니얼 해넌Daniel Hannan이 한 말이다.

《수학 원리》는 모든 수학의 형식적 토대를 세우려 한다. 여기에는 몇 가지 기본적인 수학적 진리에 관한 증명이 들어 있다. 후건 부정식 법칙modus tollens law이 그 예다. 이 법칙에서는 P가 참인 것이 Q가 참임을 암시한다면, Q가 거짓인 것은 P 또한 반드시 거짓이어야 함을 암시한다. 예를 들어 로또에 당첨된 것이 당신의 행복을 암시한다면, 당신의 불행은 당신이 로또에 당첨되었을 리 없다는 의미가 된다. 이런 논증은 미국의 복권 게임인 파워볼Powerball이 도입되기

전, 적어도 기원전 3세기 아리스토텔레스의 소요학파peripatetic school 회원이었던 테오프라스토스까지 거슬러 올라갈 수 있다.

논리 이론가는 후건 부정식 법칙같이 《수학 원리》에 나와 있는 정리만 증명한 것이 아니었다. 사실 일부 정의에 대해서는 새로운 증명법을 찾아내거나, 몇몇 사례에서는 더 짧은 증명법도 찾아냈다. 따라서 논리 이론가는 화이트헤드와 러셀이 《수학 원리》를 쓰면서 목표로 세웠던 것처럼 말 그대로 수학의 토대를 새로 쓴 셈이다. 논리 이론가는 기본 공리axiom와 예전에 도출된 사실들에서 시작해 그들로부터 새로운 수학적 진리를 유도하며 목표 명제를 발견할 때까지 새로운 수학적 진리를 탐색했다. 수학적 진리의 무한한 지도를 항해하며 새로운 진리를 탐색한 것이다.

논리 이론가는 인공 수학자라 불러도 될 만큼 획기적이었다. 인공지능을 구축하기 위한 탐구가 시작된 것이 1956년이었는데, 그때 기계가 이미 수학 정리를 증명할 수 있다고 누가 감히 상상이나 했겠는가? 최초의 AI 역사가 중 한 명인 파멜라 매코덕Pamela McCorduck은 이렇게 적었다. "논리 이론가는 그때까지 오직 지능적이고 창의적인 인간만이 할 수 있다고 여겼던 과제를 기계가 수행할 수 있음을 보여준 확실한 증거였다."[4] 허버트 사이먼은 자신의 창조물에 대해서 훨씬 기창한 주장도 펼쳤다. "우리는 숫자 외의 방식으로 생각할 수 있는 컴퓨터 프로그램을 발명했다. 그리고 이를 통해서 오랜 심신 문제mind-body problem도 함께 해결하여 물질로 이루어진 시스템이 어떻

IDEA 1 해답을 탐색하기 53

게 정신이라는 속성을 가질 수 있는지도 설명해냈다."[5]

　유감스럽게도 우리는 벌써부터 아서 사무엘이 경고했던 과장된 주장과 미신 속으로 발을 들여놓았다. 생각한다는 것에는 단순한 논리 명제를 증명하는 것 이상의 큰 무언가가 들어 있으며, 심신 문제를 해결하는 데는 이것을 훨씬 뛰어넘는 무언가가 필요하다. 그럼에도 논리 이론가는 AI의 발전에서, 그리고 전반적인 지능을 이해하는 데도 중요한 이정표였다. 예전에는 오직 지능을 갖춘 인간만이 할 수 있었던 일을 세상 처음으로 기계가 할 수 있게 됐다. 기계가 어려운 수학 정리를 증명할 수 있게 된 것이다.

## 문제의 골자를 추려내기

　논리 이론가의 성공에 영감을 받아, 캘리포니아에서 셰이키 로봇을 개발하던 연구진이 스트립스STRIPS, Stanford Research Institute Problem Solver를 발명했다.[6] 이 AI 프로그램은 로봇의 '두뇌'였다. 스트립스는 로봇에게 주어진 목표('책을 가져다줘')를 로봇이 따를 수 있는 계획으로 세분하는 방법을 탐색했다. 도서관에 간다. 책을 집는다. 책을 가지고 도서관에서 돌아온다. 수학 정리의 증명을 탐색하는 정도로 능력이 제한되어 있던 논리 이론가와 달리 스트립스는 이론상으로는 그 어떤 문제도 풀 수 있었다. 그 비결은 문제를 논리 명제로 공식화해서 논리 이론가가 풀 수 있는 수학 문제와 비슷하게 만드는 것이었다.

로봇에게 고전 퍼즐인 하노이 타워 퍼즐Tower of Hanoi puzzle을 시킨다고 생각해보자. 이 퍼즐은 기둥 세 개와 그 기둥에 끼울 수 있는 다양한 직경의 원반 몇 개로 구성되어 있다. 시작 상태일 때는 원반이 모두 제일 왼쪽 기둥에 순서대로 쌓여 있다. 제일 큰 원반은 바닥에 있고, 제일 작은 원반은 꼭대기에 있다. 목표는 모든 원반을 제일 오른쪽 기둥에 크기순으로 쌓는 것이다. 이 퍼즐을 풀 때는 원반을 하나씩 이동해야 한다. 그리고 각각의 이동은 한 기둥에서 제일 위에 있는 원반을 꺼내어 또 다른 기둥의 꼭대기에 쌓는 방식으로 이루어진다. 이 퍼즐을 더 어렵게 만드는 조건이 있다. 작은 원반은 큰 원반 위에 올릴 수 있지만, 큰 원반은 작은 원반 위에 올릴 수 없다.

하노이 탑 퍼즐의 해법은 하나의 복잡한 춤이다. 퍼즐에 원반이 두 개밖에 없었다면 제일 왼쪽 기둥에서 작은 원반을 빼내서 비어 있는 중간 기둥에 보관한 다음, 두 원반 중 큰 것을 제일 왼쪽 기둥에서 비어 있는 제일 오른쪽 기둥으로 가져다 둔다.

이제 중간 기둥에 있는 작은 원반을 빼서 제일 오른쪽 기둥의 큰 원반 위에 쌓을 수 있다. 그럼 원반이 제일 오른쪽 기둥에 크기 순서대로 쌓인다.

별로 어렵지 않았다. 하지만 이것은 원반이 겨우 두 개일 때의 얘기다. 원반이 많아지면 이 춤이 훨씬 복잡해진다. 원반이 세 개가 되면 총 7번을 움직여야 한다. 원반이 네 개넌 15번이다. 그리고 원빈

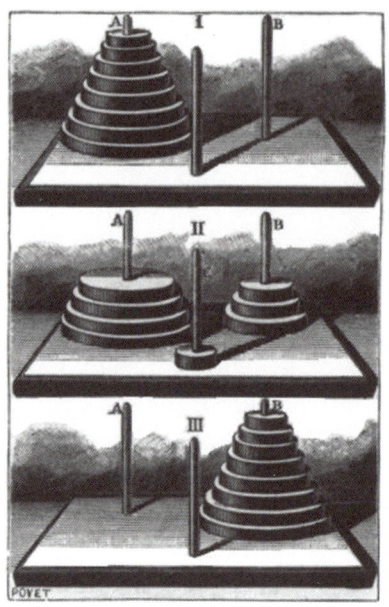

하노이 탑 문제

이 다섯 개면 31번, 여섯 개면 63번 움직인다. 움직이는 횟수가 매번 두 배 이상 늘어난다. 수학자들은 이것을 지수적 폭발exponential explosion 이라고 부른다.

하노이 탑 퍼즐을 둘러싼 몇 가지 근거 없는 낭설이 있다. 그중 하나는 이 퍼즐이 고대 인도의 사원 카시 비쉬와나스Kashi Vishwanath에서 유래했다는 것이다. 사원의 어느 큰 방 안에, 세 개의 닳은 기둥이 있고 그 위에 64개의 황금 원반이 쌓여 있다. 브라만 사제들은 셀 수 없이 오랜 세월 동안 이 기둥 사이에서 원반을 이리저리 옮겨 왔다. 이들은 초인적인 과제를 맡고 있다. 사제들이 1초마다 원반을 하나씩 움직인다고 쳤을 때 목표에 도달하기 위해서는 거의 6,000억 년이 필요하기 때문이다.• 인류로서는 다행스러운 일이다. 전설에 따르면 사제들이 그 퍼즐을 마무리할 때 세상의 종말이 온다니 말이다. 사실 하노이 타워의 진짜 기원은 평범하다. 이 퍼즐은 1889년에 프랑스 수학자 에두아르 뤼카Édouard Lucas가 오락거리로 발명한 것이다. 그리고 이 퍼즐은 우리가 셰이키 같은 로봇을 만들기 시작한 1956년 이후로 로봇들에게 도전과제를 안겨주고 있다.

그렇다면 스트립스는 이 문제를 어떻게 풀까? 퍼즐의 상태는 'on(원반2, 기둥1)'과 'on(원반1, 원반2)' 같은 수학적 사실들의 집합으로 표현된다. 즉, 초기 상태에서 큰 원반2는 기둥1에 있고, 작은 원반1 자체는 원반2 위에 있다. 그리고 목표 상태는 'on(원반2, 기둥3)'과 'on(원반1, 원반2)'이다. 즉, 원반2가 기둥3에 있고, 원반1이 다시 원반2 위에 있는 상태다. 또한 한 상태를 다른 상태로 변환하는 수학 연산자들도 있다. 예를 들어, '이동move' 연산자 하나는 'on(원반1, 원반2)'을 'on(원반1, 기둥2)'으로 변환할 수 있는데, 이는 원반2 위에 있던 원

---

• 더 정확히 말하면 $2^{64}-1$초, 즉 18,446,744,073,709,551,615초가 걸린다. 이것은 현재 추정하는 우주의 나이보다 42배나 긴 시간이다.

반1을 기둥2로 옮기는 것을 뜻한다.

스트립스가 정말로 강한 이유는 문제에 대한 수학적 기술과 문제 해결 방법에 대한 기술을 분리했기 때문이다. 문제의 내용물을 문제의 해법과 분리하는 이런 방식은 기호의 시대에서 핵심적인 특성 중 하나다. '무엇'과 '어떻게'를 분리하는 것이다. 스트립스에게 새로운 문제를 풀게 하려면 그냥 '어떻게'가 아니라 '무엇'만 바꿔주면 된다. 하노이 타워에 원반을 하나 더 추가한다고? 문제없다. 그냥 문제의 기술에 이 원반 하나를 더 추가하도록 바꿔주기만 하면 된다. 두 개의 원반이 같은 크기라고? 마찬가지로 문제없다. 문제에 대한 기술만 바꾸면 된다.

이렇게 분리하는 핵심적인 이유는 이렇게 함으로써 많은 문제를 비슷한 방법으로 해결할 수 있기 때문이다. 이렇게 함으로써 문제를 업데이트할 때마다 매번 문제를 푸는 기술을 함께 업데이트할 필요가 없어진다. 실제로 스트립스는 어떤 문제도 풀 수 있는 단순하고 범용적인 방법을 갖고 있었다. 이것을 '수단-목표 분석means-ends analysis'이라고 한다. 이것은 현재 상태와 목표 상태 사이의 차이를 찾아낸 후에 그 차이를 줄이는 연산자를 적용하는 방식이다.

예를 들어 하노이 타워 퍼즐에서 시작 상태와 목표 상태 사이에서 나타날 수 있는 한 가지 차이는 제일 큰 원반이 엉뚱한 기둥에 꽂혀 있는 것이다. 시작 상태에서는 그 원반이 기둥1에 꽂혀 있다. 그런데 목표 상태에서는 기둥3에 꽂혀 있어야 한다. 수단-목표 분석에서는 제일 큰 원반을 시작 기둥에서 마지막 기둥으로 움직일 필요가 있다고 제안한다. 그럼 이것을 통해 새로운 하위 목표가 설정된다. 제일 큰 원반을 마지막 기둥으로 옮길 수 있도록 그 위에 있는 원반들을 모두 치우는 것이다. 그다음에는 수단-목표 분석을 제일 큰 원반 위를 모두 치우는 이 하위 목표에 재귀적으로 반복한다. 이렇게 하면 작은 원반들을 모두 치울 수 있다.

수단-목표 분석은 일상생활에도 적용할 수 있는 막강한 문제 해결 방법이다. 토마토를 키우고 싶다고? 그럼 정원 한쪽을 텃밭으로 용도 변경하라. 텃밭을 만들고 싶다고? 그럼 잡초를 제거하고 흙을 엎어라. 흙을 엎고 싶다고? 그럼 창고에서 삽을 꺼내라. 풀을 제거하고 싶다고? 그럼 제초제를 사라.

## 탐색의 한계

이론상으로는 어떤 문제도 스트립스가 풀 수 있는 형태로 공식화한 다음에 수단-목표 분석을 이용해서 해답을 탐색할 수 있다. 하지만 현실에서는 그렇지 못하다는 것이 드러났다. 앞에서 언급했던 지수적 폭발에 마치기 때문이다. 해법을 탐색하기 위해 반드시 고려해야 하는 가능한 선택지가 지수적으로 증가해서 곧 감당할 수 없을 정도로 많아진다.

지수는 감당할 수 없을 정도로 엄청나게 커진다. 체스 게임의 발명에 관한 유명한 우화가 AI가 직면한 지수적 증가의 문제를 이해하는 데 도움이 될 것이다. 이 우화에는 체스 발명가가 그 게임을 인도 황제에게 처음 선보인 이야기가 나온다. 황제는 크게 감탄하며 고마운 마음에 발명가에게 어떤 보상을 원하는지 말하라고 했다. 그는 발명가가 황금이나 다른 부를 선택하리라 생각했다. 하지만 발명가가 원한 것은 고작 쌀밖에 없었다.

> 황제이시여, 제 소원은 소박합니다. 그저 이것을 원할 뿐입니다. 체스판 첫 칸에는 쌀알을 한 개 주시고, 그다음 칸에는 두 개, 그리고 이어서 네 개, 여덟 개, 이런 식으로 64개 칸을 모두 채워 주소서.

황제는 발명가의 요청에 숨어 있는 지수의 위험성을 깨닫지 못하고 기꺼이 그러기로 동의한다. 이런 식으로 반복해서 두 배씩 커지면 그 수는 금방 걷잡을 수 없이 커진다. 64번째 칸에 가면 쌀알의 숫자는 1,800경 개가 넘어간다. 정확히 말하면 체스판의 마지막 칸에 들어가는 쌀알의 숫자는 18,446,744,073,709,551,616개다. 이 정도면 인도 전체를 몇 십 센티미터 두께로 깔고도 남을 것이다.

코비드-19 같은 전염병이 전 세계로 급속히 퍼진 사례부터 연쇄 핵반응이 막대한 에너지를 방출하는 것에 이르기까지 우리 주변에서도 이와 비슷한 지수적 폭발을 볼 수 있다. 하지만 황제처럼 우리도 계속 두 배씩 증가하는 무언가가 얼마나 빠르게 통제 불능으로 치달을 수 있는지 직관적으로 이해하는 데 종종 어려움을 겪는다. 이런 지수적 증가의 문제가 오늘날 AI를 지속적으로 괴롭히고 있다. 예를 들어 챗GPT 같은 인공지능 챗봇이 셰익스피어 같은 문체로 소네트를 척척 써내지만 논리적으로 추론하는 데는 어려움을 겪는 이유도 이것 때문이다. 논리적 결론이 극적으로 많아지기 때문이다. 2는 1보다 크다. 3은 1보다 크다. 4는 1보다 크다. 이런 식이다. 사실 1보다 큰 수는 무한히 많다. 그래서 지수적 폭발은 추론을 시도하는 AI를 빠르게 무력화시킨다. 챗GPT는 하나의 문단을 써 내려갈 때는 놀라울 정도로 유창하지만, 아주 단순한 추론조차 할 수 없다. 심지어 덧셈도 어려워한다.

이러한 사례를 하나 살펴보자.

**나:** 'perfectly'라는 단어에는 글자가 몇 개 있지?

**챗GPT:** 'perfectly'라는 단어에는 글자가 열 개 있습니다.

**나:** 아니야. 글자가 아홉 개 있어.

**챗GPT:** 사실, 'perfectly'에는 열 개의 글자가 있습니다. 이런 식으로 세어보면 됩니다. p, e, r, f, e, c, t, l, y (2025년 3월, 챗GPT에 똑같은 질문을 던져보니 글자가 아홉 개라고 정확하게 대답했다-옮긴이)

IDEA
2

## 최고의 수를 두기

　이제 오늘날의 AI에서 중심이 되는 여섯 가지 개념 중 두 번째를 다뤄보자. 이것은 세상이 당신과 맞설 때 무엇을 해야 할지 판단하는 방법이다. "경쟁하는 상황에서는 상대방이 최선의 수를 선택하리라 가정하고 자신도 최선의 수를 선택하라!"

　이번 개념 역시 너무 단순하고 자명한 문제로 들린다. 그럼 이것을 조금 더 확장해 보자. 경쟁하는 상황에서는 상대방이 이기면 당신은 진다. 상대방에게 최고의 수가 당신에게는 최악의 수다. 이것 역시 새로운 개념은 아니다. 우리는 모두 게임을 할 때 이런 식으로 추론해 왔다. 내가 만약 체스에서 나이트knight를 움직여 상대방의 킹

king을 공격한다면 상대방의 최고의 수는 룩rook을 희생하는 것이다. 이렇게 되면 내가 물리적으로 상당히 유리해진다.

이 아이디어를 설명하기 위해 '21게임'이라는 술자리 게임을 해보자. 꼭 술이 있어야 할 수 있는 게임은 아니지만 그래도 한 잔 따라두면 더 재미있게 즐길 수도 있다. 게임은 0에서 시작한다. 각 참가자가 차례로 1, 2, 3중 하나를 선택해 누적 합계에 더하면서 새로운 누적 합계를 말한다. 총합은 21을 넘을 수 없다. 그리고 21을 말하는 사람은 게임에서 지고 술을 마셔야 한다.

좋다. 내가 먼저 시작하겠다.

**나**: 1

**당신**: 4

**나**: 7

**당신**: 8

**나**: 9

**당신**: 12

**나**: 14

**당신**: 16

**나**: 17

**당신**: 20

이제 나는 21을 말하는 것 말고는 다른 선택의 여지가 없다. 이것은 당신이 나를 궁지로 몰아 이겼다는 뜻이다!

상대방이 최고의 수를 선택한다고 가정하고, 나도 최선의 수를 선택한다는 이 개념을 21게임에 적용해 보자. 사실 이렇게 하면 완벽하게 게임을 할 수 있다. 우리가 처음 마주하는 문제는 두 명의 플레이어가 이후 어떤 수를 두느냐에 따라 당신이 지금 둘 수 있는 최고의 수가 결정된다는 점이다. 그렇다면 이 고르디우스의 매듭Gordian knot을 어떻게 풀 것인가?

미니맥스Minimax라는 고전적인 AI 알고리즘이 이 문제를 해결하고 있다. 미니맥스는 게임의 끝에서 시작해 거꾸로 거슬러 올라가며 최고의 수를 추론한다. 끝에서 시작하는 이유는 승패가 분명하기 때문이다. 한 단계씩 앞으로 거슬러 올라갈 때마다 미니맥스는 맥스 플레이어, 즉 당신이 이기기 위해서는 무엇을 해야 하는지, 그리고 당신이 지게 만들려면 민MIN 플레이어, 즉 나는 무엇을 해야 할지 찾는다. 게임의 마지막에 당신이 21을 말할 수밖에 없게 되면 당신이 진다. 따라서 이길 가능성을 어떻게든 남기려면 당신이 마지막으로 말하는 수가 반드시 21보다 작아야 한다. 당신이 마지막으로 말한 수가 20이라고 해보자. 그럼 나는 21을 말할 수밖에 없고 당신이 이긴다. 따라서 당신은 목표를 '21을 말하지 않기'에서 '20을 말하기'로 수정한다. 그럼 이제 한 단계 더 뒤로 거슬러 올라가서 '20을 말하기'라는 당신의 목표를 생각해보자. 내가 17, 18, 혹은 19를 말하면 다음

차례에 당신은 20을 말하고 이길 수 있다. 그래서 당신은 다시 목표를 '20을 말하기'에서 '내가 17, 18, 혹은 19를 말할 수밖에 없게 만들기'로 수정한다.

하지만 '나를 17, 18, 혹은 19를 말할 수밖에 없게 만들기'라는 목표에서 다시 한 단계 뒤로 가보자. 당신이 16을 말하면, 나는 반드시 17, 18, 혹은 19를 말해야 하기 때문에 나중에 당신이 이기게 된다. 그래서 당신은 또다시 목표를 '16을 말하기'로 수정한다. 그렇게 하면 당신은 실수하지 않는 한, 한두 번 더 차례가 오가면 이길 수밖에 없다는 것을 알게 된다. 이제 새로운 더 작은 목표인 '16을 말하기'에서 다시 여러 번 거꾸로 올라가며 생각할 수 있다. 내가 13, 14, 혹은 15를 말하면 당신은 16을 말할 수 있고, 결국 이긴다. 그리고 당신이 12를 말하면, 나는 13, 14, 15 중 하나를 말할 수밖에 없고, 당신은 승리를 이어갈 수 있다. 그래서 당신은 다시 '12를 말하기'로 목표를 수정한다.

이렇게 반복해서 뒤로 가다 보면 목표가 12를 말하기에서 8을 말하기로, 그리고 다시 4를 말하기로 바뀐다. 이것이 바로 21게임에서 당신이 사용할 전략이다. 당신은 4, 8, 12, 16, 20을 말했다. 그리고 이렇게 4의 배수를 계속 말하다 보면 21 게임에서 이기게 된다. 물론 상대방도 똑같은 전략을 구사할 것이다. 참가자가 많아지면 전략이 더 복잡해진다. 하지만 미니맥스 방식을 똑같이 적용하면 최고의 전략을 찾을 수 있다.

이렇게 뒤로 가며 생각하기 방식을 체스같이 더 복잡한 다른 게임에도 적용할 수 있다. 하지만 체스의 경우, 가능한 수의 트리가 훨씬 크다. 21게임은 한 번 플레이할 때마다 가능한 수가 세 가지밖에 없지만 체스 게임을 할 때는 매번 평균 서른 가지 정도의 가능한 수가 존재한다. 사람이 이 가능한 수를 모두 조사하려면 질릴 만하지만, 컴퓨터는 이런 과제를 아주 잘 수행한다. 오늘날 가장 막강한 컴퓨터 체스 엔진도 핵심에는 이러한 뒤로 가며 생각하기 방식이 자리 잡고 있다.

이런 거꾸로 생각하기를 통해 해결할 수 있는 문제가 21게임이나 체스만은 아니다. 현실의 여러 가지 문제들도 상대방과 게임을 하는 것처럼 생각할 수 있다. 무임 승차자들이 허점을 찾아낼 가능성을 고려한다면 나는 대중교통 네트워크에서 어디를 순찰하는 것이 좋을까? 시장이 나에게 불리하게 움직일 수 있다는 점을 감안할 때 투자 위험을 최소화하려면 어떤 채권을 사면 좋을까? 부식과 금속 피로로 고장이 생길 수 있다는 점을 고려할 때 내 항공기 편대에 어떤 예방 조치를 취해야 할까? 인생은 그 자체로 게임과 비슷할 때가 많다.

체스에서 나올 수 있는 경우의 수는 우주 전체에 포함돼 있는 원자의 수보다 많다. 체스 엔진은 가능한 모든 경우의 수를 탐색하는 수고를 덜기 위해 다양한 기법을 사용한다. 체스에서 가능한 경우의 수는 섀넌의 수Shannon Number

로 알려져 있다. 이 값은 $10^{111}$에서 $10^{123}$ 사이다. 클로드 섀넌Claude Shannon은 1950년 논문 〈체스를 두는 컴퓨터를 프로그래밍하기Programming a Computer for Playing Chess〉에서 이 수를 처음으로 추정해 냈다. 이 논문을 통해 컴퓨터 체스 분야가 열렸다. 섀넌은 1956년 다트머스 워크숍에도 참가했고, '정보이론information theory의 아버지'로 가장 잘 알려져 있다. 그의 1937년 석사 논문은 불의 논리를 전기회로로 구현할 수 있음을 입증해서 디지털 컴퓨터를 위한 길을 열어 주었다. 하버드 대학교 인지 및 교육학 교수인 하워드 가드너Howard Gardner는 그의 논문을 이렇게 묘사했다. "아마도 이것이 이번 세기에서 가장 중요하고, 또한 가장 유명한 석사학위 논문일 것이다."

## 최초의 AI 게임

AI가 플레이한 최초의 게임은 사실 우리가 방금 해보았던 술 먹기 게임의 한 변형이었다. 니마트론Nimatron 게임은 뉴욕 세계 박람회를 위해 1940년에 웨스팅하우스 전기 회사Westinghouse Electric Corporation에서 발명했다.[1] "새로운 날의 여명Dawn of a New Day"이라는 슬로건을 들고 나온 이 박람회의 참가자는 4,400만 명이 넘었다. 박람회 측은 방문객들에게 '내일의 세계'를 보여주겠노라고 약속했고, 그 세계에는 니마트론도 포함되어 있었다. 이것은 님Nim이라는 고대 중국 게임을 플레이하는 전자기계식 컴퓨터였다. 이 게임에서 참가자들은 차례로 돌아가면서 돌무더기에서 돌을 제거하지만, 한 번에 한 더미에서만 돌을 제거할 수 있다. 마지막 돌을 집는 참가자가 진다. 따라서 님은 21게임의 2차원 버전인 셈이다.

니마트론은 완전한 컴퓨터는 아니었다. 오직 님 게임만 할 수 있도록 하드웨어적으로 구현한 것이었기 때문이다. 따라서 우리가 말하는 튜링 기계에 해당하지 않는다. 그럼에도 이 기계는 야수처럼 아주 인상적이었다. 무게는 1톤이 넘었고, 인간 참가자 앞에 놓인 디스플레이와 관중을 위한 오버헤드 디스플레이 4면에 각 일곱 개의 전구로 만든 줄 네 개를 표시해두었다. 참가자는 줄 네 개에 달린 전

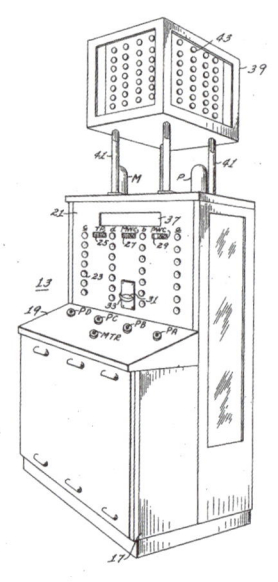 

미국 특허청에 남아 있는 니마트론의 그림과 1940년에 촬영한 니마트론의 사진

구를 하나씩 끄면서 모든 전구가 꺼질 때까지 기계와 번갈아가며 게임을 진행했다.

니마트론이 자신의 수를 결정하는 데는 몇 밀리초밖에 걸리지 않았다. 하지만 인간의 사기를 너무 꺾지 않기 위해 시간을 지연시키며 마치 기계가 몇 초 정도 생각하는 것처럼 보이게 만들었다. 하지만 이런 인위적인 시간 지연에도 불구하고 니마트론은 인간의 기를 꺾어놓기에 충분했다. 니마트론은 세계 박람회가 진행되는 동안 10만 건 이상의 게임을 플레이했고, 열 번을 두면 아홉 번 이상 이겼다. 그리고 니마트론을 이긴 사람은 대부분 니마트론 운영자였다. 이들은 니마트론도 질 수 있다는 걸 관중들에게 보여주기 위해 게임에서 이기는 방법을 미리 암기해서 임했다.

니마트론은 님 게임을 플레이하는 또 다른 컴퓨터인 님로드Nimrod의 발명에 영감을 불어넣게 된다. 이것은 엔지니어링 회사 페란티Ferranti가 1951년 열린 페스티벌 오브 브리튼1951 Festival of Britain을 위해 만든 것이었다.

> 님로드는 호주와 인연이 깊은 기계다. 당시 페란티사에 근무하며 이 기계를 설계한 존 메이크피스 베넷John Makepeace Bennett은 나중에 고향인 호주로 돌아가 호주 최초의 컴퓨터과학 교수가 되었고, 호주 컴퓨터 학회의 창립회장을 역임했다.

## AI 체스

인간이 즐기는 온갖 게임 중에서 인공지능의 발전에 가장 중요한 역할을 한 것은 아마도 체스일 것이다. 니마트론이 발명되고 1년 후인 1941년에 앨런 튜링은 블레츨리 파크Bletchley Park의 암호 해독가 동료들과 체스나 다른 지능적 과제를 수행할 수 있는 기계의 가능성을 얘기하기 시작했다. 그리고 2차 세계대전이 끝날 즈음 튜링은 컴퓨터가 이론적으로는 체스를 비롯해서 인간의 뇌가 할 수 있는 모든 것을 재현할 수 있으리라고 확신했다.

1948년에 그는 자신의 아이디어를 실행에 옮기기 시작했다. 케임브리지 대학교 킹스 칼리지에 있는 동료 데이비드 챔퍼나운과 함께 그는 최초의 AI 체스 프로그램이라 할 수 있는 것을 작성했다. 그리고 그 이름은 두 사람의 이름을 본따 튜로챔프라고 지었다. 튜로챔프는 미니맥스 방식을 이용해서 컴퓨터가 둘 수 있는 모든 수와, 상대방이 둘 수 있는 모든 수를 고려하며 자신의 플레이를 추론했다. 컴퓨터가 매번 게임을 끝까지 탐색하는 수고를 덜어주기 위해 게임이 중간까지 진행됐을 때 간단히 점수를 매겼다. 이 점수는 다양한 기준에 따라 매긴 점수를 합산해서 계산했다. 예를 들면 잡힌 말의 수, 각각의 말이 확보한 이동 가능성, 각각의 말의 안정성, 체크메이트를 당할 위협 등이었다.

튜로챔프는 겨우 두 수만 내다볼 수 있었기 때문에 체스 실력은 평범했다. 하지만 그 수준조차 당시의 컴퓨터에게는 너무 복잡했기 때문에 튜링이 사망하기 전에 컴퓨터에서 실제로 실행해본 적은 없었다. 대신 그는 프로그램을 손으로 힘겹게 시뮬레이션했다. 그래서 한 수를 둘 때마다 30분 정도가 걸렸다.

하지만 2012년에는 컴퓨터로 튜링의 아이디어를 시도하는 게 어려운 일이 아니었기 때문에 앨런 튜링의 탄생 100주년 기념행사의 일환으로 튜로챔프가 재구성되었다. 맨체스터 시청에서 열린 탄생 100주년 기념행사에서 전직 챔피언 가리 카스파로프Garry Kasparov는 불과 16수 만에 쉽게 튜로챔프를 이겼다. 카스파로프는 그보다 15년 전에 훨씬 강력한 컴퓨터 상대와 만났을 때는 그리 좋은 성적을 거두지 못했었다. 1990년대에 IBM은 기록을 세우고 긍정적인 홍보 효과를 얻기 위해 튜로챔프의 여러 개념을 받아들여 강화시킨 딥블루Deep Blue 체스 컴퓨터를 만들었다.

딥블루는 일반적으로는 6~8수 정도, 상황에 따라서는 20수 이상도 내다볼 수 있는 복잡한 공학의 산물이었다. 이 프로그램은 체스의 수를 더 신속하게 계산하기 위해 특수 하드웨어를 장착한 IBM RS/6000 슈퍼컴퓨터에서 실행되었다. 강렬한 검은색 직육면체 외관은 스탠리 큐브릭Stanley Kubrick의 영화 〈2001 스페이스 오디세이〉에 등장하는 신비로운 돌기둥 모놀리스monolith를 연상시켰다. 1996년에 IBM은 당시 세계 체스 챔피언이었던 가리 카스파로프에게 도전장을 던졌다. 딥블루는 첫 대결에서는 4대 2로 졌고, 카스파로프는 미화 40만 달러의 상금을 챙겼다. 1년 후에 뉴욕 미드타운 힐튼에서 거의 세 배의 상금을 걸고 열린 6판 재대결에서는 성능이 개선되어 디퍼 블루라는 별명이 붙은 딥블루가 카스파로프를 이겼다.

하지만 딥블루의 승리는 매우 치열한 접전 끝에 얻은 결과였다. 마지막 경기까지 아주 막상막하의 대결이 펼쳐졌다. 첫판은 카스파로프가 이겼다. 두 번째 판은 딥블루가 이겼지만, 사후 분석에서는 카스파로프가 무승부 상태를 유지할 수 있었다는 의견이 나왔다. 이후 3판은 무승부였다. 그래서 결국 승패는 마지막 6번째 판에 달리게 됐다. 카스파로프는 비전통적인 수로 게임을 시작했는데 이는 아마도 딥블루가 암기한 초판 포석에서 벗어나려는 시도였던 것 같다. 하지만 이 방법은 컴퓨터를 혼란에 빠뜨리기는커녕 오히려 카스파로프에게 불리하게 작용했다. 그는 열아홉 번째 수에서 기권했고, 이로써 이번 판은 딥블루와의 대결에서 가장 짧게 진행한 게임이 됐다. 이것으로 인간은 기계에게 패배했다. 카스파로프는 다시 40만 달러를 챙겨서 작은 위안을 얻었지만, 이것은 IBM이 승리의 대가로 받은 상금의 절반에 불과했다.

컴퓨터와의 대결에서 패배했음에도 불구하고 카스파로프는 역사상 가장 위대한 체스 선수 중 한 명으로 남아 있다. 그는 현대 역사에서 가장 어린 나이에 세계 챔피언에 등극했고, 그 어느 세계 챔피언보다도 오랜 세월 동안 왕좌의 자리를 지켰다. 이런 그가 컴퓨터에게 패배한 최초의 세계 체스 챔피언으로 역사책에 남게 된 것은 참으로 잔인한 역설이다.

컴퓨터에게 패배한 후에 카스파로프는 이런 인상적인 말을 남겼다.

> 수많은 컴퓨터와 대결해 봤지만 이런 게임은 경험해보지 못했다. 책상 건너편에서 새로운 종류의 지능을 느꼈다. 그 냄새를 맡을 수 있었다. 나머지 게임도 최선을 다해 임했지만 나는 지고 말았다. 딥블루는 이후에 남은 경기 동안 흠잡을 데 없는 아름다운 체스를 두며 나를 쉽게 물리쳤다.[2]

현재 출시되어 있는 최고의 컴퓨터 체스 엔진은 톱 체스 엔진 챔피언십Top Chess Engine Championship에서 열네 번 우승을 거둔 스톡피시Stockfish다. 최신 버전의 스톡피시는 무려 80~100수를 미리 내다본다. 스톡피시를 상대로 여섯 번의 경기를 펼친 결과를 성과 등급performance rating을 바탕으로 보면, 최고의 인간 체스 선수라 해도 스톡피시에게 승리를 거둘 확률은 1조 분의 1에 불과하다.

그냥 까놓고 말하면 인간은 이제 게임 오버다. 적어도 체스에 관해서는 그렇다.

## 최초의 AI 챔피언

가리 가스파로프는 컴퓨터에게 패배한 최초의 체스 세계 챔피언인지는 몰라도 컴퓨터에게 패배한 최초의 세계 챔피언은 아니었다. 이 운명은 카스파로프의 패배보다 18년 앞서 밀라노 출신의 프로 백개먼backgammon 선수인 루이지 빌라Luigi Villa에게 닥쳐왔다. 1979년 7월 14일에 루이지 빌라는 매년 열리는 백개먼 세계 챔피언십에서 처음이자 마지막으로 우승을 차지했다. 우연의 게임이라는 위상에 걸맞게 이 챔피언십은 세계적인 도박의 중심지 몬테카를로에서 열렸다. 하지만 빌라는 샴페인을 홀짝거리며 정상에 오른 것을 축하할 시간이 거의 없었다. 세계 챔피언십 우승을 거둔 다음 날, 미화 5,000달러가 걸린 시범 경기에서 그는 컴퓨터를 상대로 7대 1로 패배했다.

그의 상대는 한스 벌리너Hans Berliner가 작성한 컴퓨터 프로그램 BKG 9.8이었다. 벌리너는 미국 카네기 멜론 대학교의 교수였고, 그 자신도 과거 통신체스 대회의 세계 챔피언이었다. 그리고 BKG 9.8은 벌리너가 컴퓨터에게 백개먼 플레이를 가르치려고 5년간 노력한 끝에 나온 성과물이었다. 이 인간 대 기계의 대결에서 빌라는 조금 운이 없었다. 실제로 게임이 끝난 후에 분석을 해보니 그가 BKG 9.8보다 더 나은 플레이를 할 수 있었을 가능성이 보였다. 하지만 제3자가 굴린 주사위가 기계에게 더 유리하게 나왔다. 그리고 이렇게 짧은 8판 대결에서는 운 좋은 약자가 이기는 경우가 충분히 있을 수 있다.

새롭게 왕좌에 오른 챔피언은 위로가 불가능할 정도로 낙심했다. 〈샌프란시스코 크로니클〉의 보도에 따르면 그는 분노에 차 땅바닥에 발을 구르며 컴퓨터가 부당한 행운을 얻었다고 비난했다. 그리고 "몇몇 동료 이탈리아인들도 실망해서 대회 종료 후 그를 둘러싸고 함께 분개하며 몸짓을 섞어 기계를 향해 모욕적인 말들을 내뱉었다"[3]고 전해진다. 그런 모욕에 컴퓨터가 어떻게 반응했는지에 관한 기록은 남아 있지 않다.

컴퓨터 입장에서 보면 백개먼이 어떤 면에서는 체스보다 더 어렵다. 매 수마다 주사위를 굴려서 나올 수 있는 결과가 21가지이고, 각각의 결과에 대해 보통 20가지 정도의 플레이가 존재한다. 따라서 고려해야 할 새로운 위치가 400개 정도 되는 셈이다. 따라서 매 수마다 30가지 정도의 새로운 위치만 고려하면 되는 체스 프로그램과 달리 백개먼을 플레이하는 프로그램은 수를 멀리 내다볼 수가 없다. 체스와 달리 백개먼에서는 루이지 빌라의 말처럼 주사위를 굴린 결과가 변덕쟁이 여주인처럼 종잡을 수 없는 불확실한 세상에서 어떤 결정을 내리느냐가 중요하다. 아마도 이런 불확실성 때문에 백개먼에서는 컴퓨터가 체스를 할 때만큼 사람을 크게 앞서지 못하고 있는지도 모른다. 하지만 성과 등급을 바탕으로 보면 오늘날 최고의 백개먼 프로그램은 인간 세계 챔피언을 이길 가능성이 2대 1 정도로 높다.

1979년 7월 15일에 BKG 9.8이 살짝 운이 좋았던 것은 사실이지만, 이날은 AI의 역사에서는 기념비적인 날로 남아 있다. 인류의 역사에서 보아도 그렇다. 이제 더 이상은 인간이 최고가 아닌 시대가 찾아온 것이다. 인류가 자기가 만든 한 가지 게임에서 컴퓨터에게 패배했다. 그래서 이런 질문을 던지게 됐다. 이것은 혹시 우리 인간의 종말을 알리는 출발점일까?

## 완벽한 플레이

컴퓨터가 인간의 뇌보다 강력한 두 가지 장점은 가공할 계산 능력과 정확성이다. 이들은 사람보다 훨씬 빠른 속도로 작동하며, 훨씬 방대한 데이터세트를 검토할 수 있다. 그리고 이것을 오류 없이 해낼 수 있다. 이 말은 곧 잘 정의된 문제에서만큼은 컴퓨터가 인간을 능가하는 완벽한 결정을 내릴 수 있다는 의미다.

이것을 보여주는 최고의 사례 중 하나가 체커 게임이다. 이 게임은 8×8 체스판에서 검은색 말과 흰색 말을 대각선으로 이동해 상대의 말을 잡는 방식으로 플레이한다. (영국에서는 체커를 드래프트draughts라고도 부른다.) 1995년에 조너선 셰퍼Jonathan Schaeffer 교수가 이끄는 앨버타 대학교 연구진이 거의 20년에 걸쳐 작성한 치누크Chinook 컴퓨터 프로그램이 인간 대 기계 세계 체커 챔피언십Man vs. Machine World Checkers Championship에서 근소한 차이로 승리를 거두었다. 치누크는 그랜드마스터 돈 라퍼티Don Lafferty를 상대로 32게임 대결 중 끝에서 두 번째 게임을 이기고, 나머지 31게임에서는 무승부를

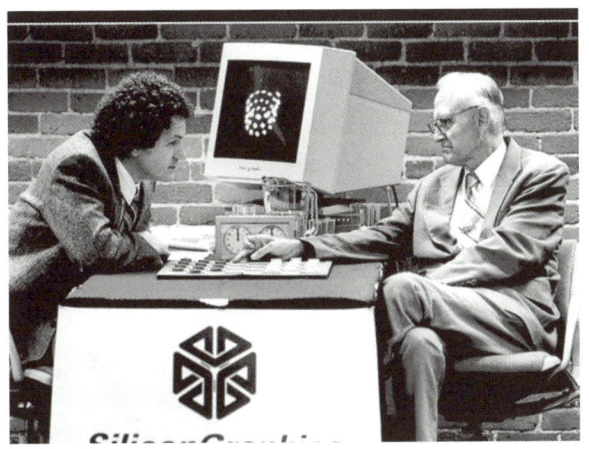
치누크를 대표해서 출전한 조너선 세퍼가 마리온 틴슬리와 대결하는 모습

기록하면서 결국 승리를 거두었다. 체커는 무승부가 잘 나오는 게임이다.

하지만 치누크의 가장 위대한 승리는 그보다 조금 일찍, 전설적인 마리온 틴슬리Marion Tinsley와의 대결에서 찾아왔다. 그는 의심할 여지없이 역사상 가장 위대한 체커 선수다. 틴슬리는 세계 챔피언십 대결에서 단 한 번도 패한 적이 없으며, 45년의 경력 중 진 게임이 7번밖에 없다. 그 7번 중 2번이 치누크와의 대결이었고, 그중 한 번은 술에 취한 채 치렀던 대결이었다! 틴슬리는 1991년에 챔피언십 플레이에서 은퇴했지만, 거의 무패에 가까운 전적과 압도적인 경기 지배력을 인정 받아 명예 세계 챔피언 칭호를 받았다. 1992년에 그는 치누크 4-2 버전과 대결해서 이겼다(33번은 무승부를 기록했다).

1994년에 이루어진 재대결에서 틴슬리와 치누크 업그레이드 버전은 6게임을 치르며 동점을 유지하고 있었다. 그러나 이 시점에서 틴슬리는 건강 악화로 기권할 수밖에 없었고, 너그럽게도 세계 챔피언 타이틀을 치누크에게 양보했다. 1995년에 그는 다시 치누크와 대결하고 싶다는 의사를 밝혔지만 슬프게도 자리를 마련하기 전에 그가 췌장암으로 사망하는 바람에 대결이 성사되지는 못했다.

하지만 사실 틴슬리를 상대로 치누크를 시험해 보는 것은 아무런 의미가 없다. 어느 누가 와도 마찬가지다. 지금은 프로그램이 완벽하게 플레이를 할 수 있음이 밝혀졌기 때문이다. 2007년에 치누크 연구진은 자신들의 프로그램이 절대 패할 수 없다는 것을 철저하게 증명했다.[4] 여기서 '철저하게'라는 표현은 그들의 증명 과정을 아주 적절하게 묘사하는 말이다. 200대 이상의 컴퓨터를 동원해 수십 년에 걸쳐 가능한 모든 체커 게임을 조사해본 결과 인간 상대가 플레이를 어떻게 하든 치누크가 모든 게임을 무승부로 이끌 수 있음이 입증됐다.

AI가 완벽한 플레이를 할 수 있다고 밝혀진, 덜 복잡한 다른 게임도 몇 가지 있다. 님, 커넥트-4Connect-4, 리버시Reversi라고도 불리는 오셀로Othello, 그리고 당연한 경우지만 틱택토 등이 여기에 해당한다. 물론 항상 완벽한 플레이가 가능한 것은 아니다. 체스 같은 게임은 너무 복잡하기 때문에 절대 완벽한 플레이를 할 수 없다. 그럼에도 지능이라는 측면에서 보면 가공할 계산 능력으로 승리를 거둘 때가 있다. 이것은 컴퓨터에게 유리한 소식이다.

## 불확실성에 대처하기

게임을 잘하려면(그리고 인생도) 불확실성에 대처하는 능력이 도움이 된다. 이것을 잘 보여주는 사례가 가장 인기 있는 우연의 게임 중 하나인 포커에서 잘 드러난다.

체스 같은 게임에서는 두 참가자 모두 체스판을 볼 수 있기 때문에 각자의 플레이 상태를 정확히 알 수 있다. 여기에 우연이 끼어들 여지는 없다. 하지만 포커 같은 게임에서는 카드가 숨겨져 있다. 그래서 포커는 확률 게임이기도 하다. 포커는 또한 심리 게임이다. 상대방의 전략을 이해할 수 있어야 한다. 상대방이 언제 허풍을 치는가? 상대방이 카드를 접고 질 때는 언제인가? 이런 두 가지 특성 때문에 인공지능 입장에서는 포커가 체스보다 훨씬 어려운 도전이다. 그 결과 딥블루의 성공 이후로 훌륭한 포커 로봇이 개발되기까지는 20년 정도가 더 걸렸다. 하지만 이제는 AI가 포커도 아주 잘한다. 되도록 AI를 상대로는 내기를 하지 말라고 충고하고 싶다.

2015년에 마이클 보울링Michael Bowling 교수와 앨버타 대학교의 동료들이 개발한 AI봇 케페우스Cepheus는 인기 있는 2인용 포커인 헤즈업 리미트 텍사스 홀덤heads-up limit Texas hold 'em의 문제를 사실상 해결했다. 이 버전의 게임은 베팅 액수에 제한이 있고 참가자가 두 명만 있기 때문에 무제한 베팅에 참가자가 많은 버전보다 더 단순하다. 포커에서는 우연이 큰 역할을 하는 만큼, 판을 돌릴 때마다 돈을 따는 것은 불가능하다. 때로는 나쁜 패를 받아들 수도 있기 때문이다. 하지만 앨버타 대학교 연구팀은 800만 시간을 계산해 케페우스의 전략이 거의 완벽에 가깝기 때문에 질 수 없다는 것을 입증해 보였다. 심지어 평생 게임을 해도 케페우스는 지지 않을 것이다.

2년 후인 2017년에 투오마스 산드홀름Tuomas Sandholm 교수와 카네기 멜론 대학교의 동료들이 개발한 컴퓨터 프로그램 리브라투스Libratus는 더 복잡하고 인기 많은 포커 게임인 무제한 베팅의 헤즈업 노 리미트 텍사스 홀덤에 도전했다. 리브라투스는 펜실베이니아주 피츠버그에 있는 리버스 카지노Rivers Casino에서 최고 수준의 전문 포커 선수 4인과 20만 달러의 상금을 걸고 플레이했다. 네 명의 프로 선수들은 기계를 상대로 20일에 걸쳐 총 12만 판을 돌리며 마라톤을 하듯 포커를 했다. 굉장히 여러 번 판을 돌렸고, 각각의 참가자가 나쁜 패와 좋은 패를 공평하게 받을 수 있도록 각각의 판을 양방향으로 진행했기 때문에 최종 결과가 우연히 나온 것이 아니라고 제법 확신할 수 있다. 그 결과 리브라투스는 첫날부터 선두에 섰고, 토너먼트 전체에서도 확실하게 이겼다.

리브라투스는 가공할 계산 능력의 힘을 보여주는 또 하나의 사례다. 이것은 피츠버그 슈퍼컴퓨팅 센터Pittsburgh Supercomputing Center에 있는 슈퍼컴퓨터에서 1,500만 시간 이상의 계산을 통해 만들어졌다. 20일간의 토너먼트에서 리브라투스는 매일 밤 추가로 400만 시간을 계산해 자신의 플레이, 특히 패배한 경우를 분석하며 전략을 개선했다. 리브라투스를 상태로 플레이한 선수 중 한 명인 동 킴Dong Kim은 결과를 보고 충격을 받았다. "리브라투스가 이렇게 뛰어난지 미처 몰랐습니다. 꼭 속임수를 쓰는 상대와 플레이하는 기분이었어요. 내 패를 훤히 들여다보는 듯했죠. 리브라투스가 실제로 속임수를 썼다는 말은 아닙니다. 그만큼 뛰어났다는 얘기입니다."[6]

이제는 컴퓨터에게 도전이 될 만한 게임이 거의 남지 않았지만, 게임은 AI의 역사에서 중요한 역할을 해왔다. 게임은 규칙이 정확하고, 승자가 분명하게 드러나기 때문에 자동화에 유리한 선택이다. 그리고 보통 게임을 이기려면 상당한 지능을 필요로 한다. 그래서 게임은 생각하는 기계를 개발하고, 얼마나 진척이 있었는지 수량화해서 평가하기 좋은, 단순하면서도 이상적인 세계를 제공해 왔다.

게임은 또한 컴퓨터는 우리가 시킨 일만 할 수 있다는 에이다 러브레이스의 반론도 테스트했다. 컴퓨터가 또 다른 인간이 프로그래밍한 대로만 일을 한다면 어떻게 세계 최고의 체스나 포커 선수들을 이길 수 있을까? 그 답은 컴퓨터가 우리가 시키는 대로만 작동하지 않는나는 것이다. 컴퓨터기 스스로 플레이하게 만들 수 있다. 그러면 게임이 끝날 때마다 컴퓨터는 자신의 전략을 업데이트해서 승리로 이어지는 좋은 수를 더 많이 두고, 패배로 이어지는 나쁜 수는 덜

두게 된다. 이런 방식으로 컴퓨터는 플레이하는 법을 완전히 스스로 학습할 수 있다. 게다가 우리는 컴퓨터의 속도를 이용해서 인간은 도저히 따라갈 수 없는 속도로 게임을 플레이하게 만든다. 리브라투스는 한 인간이 밤마다 평생을 해도 따라갈 수 없을 만큼 많은 포커판을 소화했다. 리브라투스가 인간보다 포커를 잘하게 된 비결은 그냥 포커를 더 많이 해봤기 때문이다.

현실에서 보면 사실 리브라투스는 학습 속도가 다소 느린 편이었다. 하지만 컴퓨터는 계산 속도, 그리고 동시에 여러 게임을 진행할 수 있는 능력으로 이를 보완할 수 있다. 인간의 경우 영화배우 리암 니슨이 말함직한 '아주 특별한 기술(영화 〈테이큰〉에서 리암 니슨이 연기한 전직 CIA 요원 브라이언 밀스가 딸의 납치범과 나눈 대화에서 한 말-옮긴이)'을 개발하는 데 1만 시간이 걸릴 수 있다.[7] 반면 AI는 훨씬 느려서 포커에 통달하는 데 1,000만 시간이 걸릴 수도 있다. 하지만 우화 속 거북이처럼 AI는 결국 인간을 빠르게 앞지를 수 있다. 이것만큼은 내기를 걸어도 좋다.

IDEA
3

# 규칙을 따르기

AI의 역사는 호황과 불황의 롤러코스터였다.

첫 번째 호황은 1960년대 말과 1970년대 초에 찾아왔다. 당시는 셰이키 로봇 같은 연구 프로젝트가 사람들에게 큰 기대를 불러일으켰다. 생각하는 기계가 손에 잡힐 듯 가까워졌다는 자신감 속에 연구자금이 쏟아져 들어왔다. 하지만 1974년에 이런 자신감은 실망으로 바뀌었다. AI의 한계가 명확해지면서 첫 번째 '인공지능의 겨울(AI 겨울)'이 도래했다. 이런 겨울을 초래한 원인 중 하나는 라이트힐 보고서Lighthill report였다.

영국의 제임스 라이트힐James Lighthill 교수는 의회로부터 AI 연구 현황을 평가하라는 과제를 맡았다. 1973년에 발표된 그의 보고서는 매우 비판적으로 지적했다. "이 분야의 어느 부분도 당시에 약속했던, 큰 영향을 미칠 만한 발견을 지금까지 못하고 있다." 라이트힐은 또한 가능성의 조합 폭발combinatorial explosion 때문에 AI 알고리즘은 장난감 수준의 문제를 해결할 때만 쓸모 있을 뿐, 현실에서는 제대로 작동하지 못할 가능성이 높다고 주장했다.

미국에서도 AI 분야에 자금을 지원하다가 강한 역풍을 만났다. 많은 자금을 지원했음에도 AI 기반의 기계 번역과 음성인식 등에서 진전이 느리다는 인식이 있었다. 1971년부터 5년간 진행된 야심찬 음성인식 프로젝트는 특정 순서에 따라 말한 단어들만 인식할 수 있었다. 그리고 1960년대의 냉전 시대를 거치는 동안 미국 국립연구위원회National Research Council는 러시아 문서의 기계 번역에 2,000만 달러를 투자했지만 결과물은 사람의 번역보다 돈만 더 들 뿐, 정확도는 떨어지고 속도도 느렸다.

미국 국방부 고등 연구 계획국DARPA, Defense Advanced Research Projects Agency은 1960년대에 AI 연구에 넉넉한 자금을 지원했다. 하지만 1970년대에 들어서서 DARPA가 방향성 없는 기초 연구보다는 임무 지향적인 연구에 자금을 지원해야 한다는 결정을 내린 후로 분위기가 바뀌었다. AI 연구에서 가까운 미래에 무언가 쓸모 있는 것이 나올 가능성은 낮다고 여겨졌고, 그 바람에 AI 연구 자금줄이 말라 버렸다. 당연히 AI 연구의 진척 속도도 급격히 느려졌다.

1980년대에는 AI에 대한 관심과 투자가 회복됐다. 그다음에 나온 '전문가 시스템expert system' 개념 덕분이었다. 이 AI 프로그램은 의학이나 공학 같은 복잡한 분야의 전문화된 인간의 지식을 사람이 손수 코딩한 단순한 규칙으로 재현해 보였다. 틈새 응용 분야에 초점을 맞춤으로써 인공지능이 인간의 능력을 빠르게 따라잡았고, 종종 넘어서기도 했다. 그러자 기계가 인간 수준의 지능을 갖출 날이 임박했다는 기대가 또 한 번 고조되기 시작했다.

다시 수십억 달러의 연구 자금이 AI 분야로 흘러들어갔다. 포춘 500대 기업들은 회사 운영에 서둘러 AI를 도입했다. AI 소프트웨어와 하드웨어 기업들이 설립되었고 그들의 가치가 천정부지로 치솟았다. 오늘날과 비슷한 상황으로 들릴 것이다. 실제로 그랬다. 그리고 이 모든 것은 오늘날 AI가 어디에 와 있는지를 설명하는 여섯 가지 개념 중 세 번째인 아주 단순한 개념에 바탕을 둔 것이었다. "좁은 영역에서는 단순한 규칙을 따름으로써 인간의 전문성을 시뮬레이션 할 수 있다."

어떤 면에서 보면 이것은 개념 #1과 #2에 대한 반응이었다. 그때까지는 어떻게 해법을 찾을 것인가에 AI 연구의 초점이 맞춰져 있었나. 하지만 이제는 '이떻게' 할 것인지를 거정할 것이 아니라 문제가 '무엇'인지에 다시 집중할 때였다. 그리고 이것은 좁게 제한된 문제 영역에 초점을 맞춤으로써 효과를 나타냈다.

단순한 사례를 살펴보면 도움이 될 것이다. 동물을 식별하는 좁게 제한된 문제를 통해 전문가 시스템을 구축해 보자. 먼저 우리의 영역 지식domain knowledge을 인코딩하는 일련의 규칙에서 시작한다.

· 털이 있고, 멍멍 짖으면 그 동물은 개다.

· 털이 있고, 야옹 울면 그 동물은 고양이다.

· 깃털이 있고, 꽥꽥 울면 그 동물은 오리다.

· 깃털이 있고, 부엉 울면 그 동물은 부엉이다.

이제 대충 어떤 개념인지 감이 올 것이다. 이런 규칙을 바탕으로 전문가 시스템은 사용자에게 질문을 던져 동물이 무엇인지 결정할 수 있다. 집에서 즐기는 스무고개 게임과 비슷하다.

**전문가 시스템**: 깃털이 있나요?

**사용자**: 네

**전문가 시스템**: 꽥꽥 우나요?

**사용자**: 네

**전문가 시스템**: 그 동물은 오리입니다!

물론 복잡성을 추가할 수 있다. 추가 규칙, 더 크고 복잡한 규칙, 불확실성을 다루기 위한 확률이 포함된 규칙, 불완전한 정보를 다루기 위한 디폴트 규칙 등, 규칙에 규칙을 더하고 또 더할 수 있다.

1980년대에 이런 단순한 개념을 바탕으로 어떻게 그렇게 많은 돈이 AI로 흘러 들어갔는지 상상하기가 쉽지 않다. 당시에 많이 사용된 세 단어 슬로건이 전문가 시스템을 뒷받침하는 개념을 요약해서 보여준다. "아는 것이 힘이다!Knowledge is power." 역사가들은 사실 이것이 아주 오래된 개념임을 금방 알아볼 것이다. 이 슬로건은 1668년에 출판된 토머스 홉스의 《리바이어던Leviathan》라틴어 버전에도 실려 있다"scientia potentia est". 심지어 그보다 이른 시기인 1597년에 출판된 프란시스 베이컨Francis Bacon의 《성스러운 명상Meditationes Sacrae》에도 "지식 그 자체가 힘이다ipsa scientia potestas est"라고 언급되어 있다.

## 최초의 전문가 시스템

최초의 전문가 시스템은 전문가 시스템이 인기를 끈 1980년대가 아니라 1965년에 시작되었다. AI 분야에서 하룻밤 사이에 이루어진 것처럼 보이는 많은 성공이 그랬듯이 전문가 시스템도 성공 이전에 수십 년의 준비 과정이 있었다.

최초의 전문가 시스템은 덴드럴DENDRAL이었다. 이것은 스탠퍼드 대학교에서 개발했으며 노벨 생리의학상을 수상한 조슈아 레더버그Joshua Lederberg, 경구용 피임약을 합성한 연구 덕에 '피임약의 아버지'라고 잘 알려진 화학자 칼 제라시Carl Djerassi, 그리고 지금은 유명해진 두 명의 AI 연구자 에드워드 파이겐바움Edward Feigenbaum('전문가 시스템의 아버지'로 알려져 있다)과 브루스 부캐넌Bruce Buchanan(내가 아는 한 그는 어느 분야에서도 아버지로 불리지 않았다)이 이끄는 유능하고 비전 있는 연구팀이 개발을 담당했다.

덴드럴은 질량 스펙트럼mass spectrum 데이터를 분석하여, 어떤 화학 구조들이 가능한지를 제안하기 위해 설계된 프로그램이다. 질량분석계mass spectrometer는 탁월한 성능을 지닌 고가의 장비로, 화합물을 구성하는 다양한 성분들의 질량을 식별해낸다. 이 성분들을 조합함으로써 우리는 원래의 화학 구조를 추정할 수 있다.

오늘날 질량분석계는 생명과학 분야에서 없어서는 안 될 필수 장비가 되었으며, 펩티드peptid(두 개 이상의 아미노산 분자로 이루어진 화학 물질-옮긴이), 아미노산, 단백질, 기타 유기 화합물과 같은 복잡한 분자들을 분석하는 데 사용된다. 분석 결과는 '질량 스펙트럼' 형태로 출력되며, 이 스펙트럼은 화합물 내 각 성분의 질량과 밀도 분포를 시각적으로 보여준다. 여기서 하나의 까다로운 계산 문제가 등장한다. 이러한 질량 분포를 가진 성분들로 구성될 수 있는 화학 구조가 무엇일까?

하지만 질량분석법mass spectrometry이라는 자기만의 특화된 영역에서 거둔 성공이기는 했지만, 인간의 전문성을 명확한explicit 규칙으로 인코딩함으로써 컴퓨터 프로그램이 주어진 과제에서 전문가 수준의 성능에 도달할 수 있음을 입증해 보인 것이야말로 덴드럴이 미친 가장 큰 영향이었다.

1980년대에는 덴드럴 같은 전문가 시스템을 병리학 실험실, 화성 탐사로버, 원자로 등 뜻밖의 여러 장소에서 발견할 수 있었다. 벤처 투자 자금이 이 분야로 흘러들었고, 신생 스타트업들은 높은 가치를 인정받아서 테크놀리지Teknowledge, 인텔리코프Intellicorp, 인퍼런스 코퍼레이션Inference Corporation, 카네기 그룹Carnegie Group같이 시장을 선도하는 기업들이 등장했다. 하지만 이 회사들 중 오늘날까지 남아 있는 곳은 없다는 점이 의미심장하다.

## 병목 현상

안타깝게도 전문가 시스템의 호황 역시 또 한 번의 조급한 낙관으로 밝혀졌다. 1980년대 말이 되자 정복해야 할 훨씬 더 높은 기준이 남아 있다는 것이 분명해졌고, 훨씬 더 길고 가혹한 두 번째 겨울이 시작됐다. 내가 대학을 졸업하고 인공지능 분야에 뛰어든 것이 이즈음이었다. 참 운도 좋지! 그리고 두 번째 AI 겨울은 20년 정도 이어졌다. 그래, 참 운도 좋지! 하지만 결국 2012년 즈음에 머신러닝의 시대가 시작되면서 해가 다시 얼굴을 내밀기 시작했다. 이 시대에 대해서는 이 역사책의 후반부에서 만나 볼 것이다.

전문가 시스템을 둘러싼 과대포장이 도움이 되지 않았던 것은 맞지만 사실 이 혁명의 바람을 꺾어버린 결정적 요인은 작지만 근본적인 질문 하나였다. 애초에 이 모든 지식은 어디서 왔을까? 전문성이란 그저 사실과 규칙을 암기하는 것이 아니다. 진정한 노하우는 일을 하면서 배운다. 일을 하면서 만나는 예외 사례들에 대한 직관이 쌓이고, 언제 서로 다른 원리를 적용해야 하는지 터득하면서 얻는 것이다. 이런 암묵적 지식을 습득할 방법이 없는 전문가 시스템에는 단순한 규칙들만 남기 때문에 복잡한 현실을 다루는 데 어려움이 있었다.

전문가 시스템의 개척자들은 소위 '지식 습득 병목현상knowledge acquisition bottleneck'이라는 상황에 정면으로 부딪혔다. 오랜 기간에 걸쳐 습득한 상세한 전문성을 시스템에 손쉽게 코딩해서 담아낼 방법이 없었다. 그리고 인간과 달리 전문가 시스템은 연습을 통해 지식을 정교하게 가다듬거나, 성능을 미세하게 조정할 방법이 없었다.

문제에 더 많은 규칙을 적용하면 살짝 도움이 되기는 했다. 하지만 결국 규칙이 많아지면 생산성이 떨어진다. 시스템이 너무 복잡하고 혼란스러워지면 이들이 어떤 식으로 행동하는지 인간이 이해할 수 없게 된다. 설상가상으로 전문가 시스템은 자기 지식의 한계를 알아보지 못하기 때문에 인간의 감독이 필요한 상황이 언제인지 식별할 수 없었다. 그래서 전문가 시스템의 황금기는 거의 하룻밤 사이에 무너지다시피 했다. 연구 자금줄이 말라붙었고 학회는 취소

되고 스타트업들은 파산했다. AI가 코앞에 있다고 단언했던 선구자들은 전문성의 본질을 포착하고 그것을 시스템에 코딩하는 일이 상상했던 것보다 훨씬 어렵다는 사실을 인정하지 않을 수 없었다. 실제로 이 실패로 인해 AI의 두 번째 시대를 위한 무대가 마련됐다. 코딩을 해서 지식을 익히는 것이 아니라 인간처럼 학습을 통해 익히는 시대가 열린 것이다.

그렇다고 해서 전문가 시스템이 완전히 실패했다고 생각하는 것은 오산이다. AI에 대해 우리가 기대했던 해법을 내놓지는 못했지만 그들이 남긴 유산은 오늘에도 여러 방식으로 계속 남아 있다. 그중 하나가 '어떻게'가 아닌 '무엇'에 초점을 맞추어 컴퓨터를 프로그래밍할 수 있는 매력적이고 막강한 방식이다. 이것이 논리적 프로그래밍logic programming이란 개념이다. 그리고 1980년대에 거두었던 전문가 시스템의 성공을 배경 삼아 등장한 프롤로그PROLOG는 모든 논리적 프로그래밍 언어의 조상에 해당한다.

모든 프로그래밍은 기본적으로 논리적이라고 생각할지도 모르겠다. 사실이다. 어떤 면에서 보면 컴퓨터는 응용 논리 기계다. 컴퓨터는 18세기에 조지 불이 발명하고, 클로드 섀넌이 자신의 유명한 석사 논문에서 전기회로에 매핑해둔 0과 1의 단순한 논리를 구현한다. 논리적 프로그래밍은 이것을 한 단계 끌어올려 프로그래머가 프로그램을 더 복잡한 논리 진술의 집합으로 명시할 수 있게 한다.

논리적 프로그래밍 언어에서는 이런 식으로 사실을 명시할 수 있다.

소크라테스는 사람이다.

그리고 논리적 규칙을 명시한다.

X가 사람이라면 X는 죽을 운명이다.

그러면 논리적 프로그래밍 언어는 다음과 같은 사실을 논리적으로 유도할 수 있게 해준다.

소크라테스는 죽을 운명이다.

1980년대에 일본에서는 전 세계 컴퓨터 산업계를 뒤흔든 야심 찬 8억 5,000만 달러 규모의 프로젝트를 개시했다. 그들은 이것을 5세대 컴퓨터 시스템 개발 계획이라고 불렀다. 이 프로젝트는 인공지능 기반의 새로운 슈퍼컴퓨터를 만든다는 대담한 목표를 가지고 있었다. 그리고 그 핵심에는 논리적 프로그래밍 언어 프롤로그가 자리 잡고 있었다.

컴퓨터는 기존의 4세대까지는 하드웨어를 기준으로 분류되었다. 1세대 컴퓨터의 핵심은 진공관, 2세대는 트랜지스터transistor였다. 3세대는 실리콘 집적회로였다. 그리고 4세대는 마이크로프로세서였다. 하지만 5세대는 AI 기반 슈퍼컴퓨터를 약속했다. 전문가들은 5세대 컴퓨터 개발 계획과 관련해, 대화를 나누고 새로운 발견도 할 수 있는 생각하는 기계를 구축하는 방안을 논의하며 낙관적인 미래를 그렸다. 유토피아적인 미사여구가 동원되면서 이런 5세대 컴퓨터가 많은 문제를 해결하고 인간 지식의 한계를 넓히는 새로운 시대를 열 것이라는 전망이 이어졌다.

많은 국가가 여기에 응답했다. 영국에서는 1984년에 3억 5,000만 파운드 규모의 앨비Alvey 프로그램이 시작됐다. 일본의 프로젝트에 비하면 다소 신중하고 절제된, 영국다운 프로젝트였지만 앨비 프로그램은 학계와 산업계의 협력을 촉진하는 데 중점을 두고, 마이크로프로세서와 인공지능 같은 연구 분야의 발전을 주요 목표로 삼았다.

미국 DARPA에서는 칩 설계, 처리 속도, 컴퓨터 아키텍처, AI 소프트웨어의 발전을 통합해 인공지능을 전방위적으로 발전시키기 위한 전략적 컴퓨팅 이니셔티브Strategic Computing Initiative, SCI를 시작했다. 1983년부터 1993년까지 DARPA는 미화 10억 달러 이상의 연방 자금을 이 프로젝트에 투자했다. 미국의 기술 산업계도 일본의 위협에 대응했다. DEC, 컨트롤 데이터Control Data, 스페리-유니박Sperry-Univac, 허니웰Honeywell, 마이크로소프트, 내셔널 세미컨덕터National Semiconductor, AMDAdvanced Micro Devices, 모토로라 등 많은 기업이 처음으로 협력하여 텍사스주 오스틴에 마이크로일렉트로닉스 앤드 컴퓨터 코퍼레이션Microelectronics and Computer Corporation, MCC을 설립했다. MCC는 소프트웨어 기술, 반도체 패키징, 초대규모 집적회로 컴퓨터 지원

설계VLSI computer-aided design, 병렬 처리parallel processing, 데이터베이스 관리, 휴먼 인터페이스, 그리고 인공지능까지 포함하는 7개 주요 연구 분야를 다루는 기초 연구소였다.

이런 5세대 컴퓨터 프로젝트들 중에 기계의 인지 능력과 자연스러운 대화 능력 개발이라는 야심차기 그지없는 목표를 달성한 곳은 없었다. 그러나 이들의 대담한 시도는 기술 발전에 지워지지 않을 영향을 남기면서 시리나 알렉사 등 요즘 우리가 함께 대화를 나누는 AI 비서의 등장과도 같은 혁신의 도래를 예고했다. 또한 미국의 오스틴과 스코틀랜드의 실리콘 글렌Silicon Glen 같은 새로운 AI 연구 중심지가 탄생하는 계기가 되었다.

논리적 프로그래밍 언어 프롤로그 자체는 오늘날에도 여러 놀라운 응용 분야에서 계속 살아남았다. 전 세계 항공권의 약 3분의 1은 프롤로그 기반으로 운영되는 시스템을 통해 예약된다. 국제우주정거장에 탑재되어 있는 음성제어시스템도 프롤로그를 사용한다. 부디 이 시스템이 영화 〈2001 스페이스 오디세이〉에서 음성으로 제어되며 디스커버리 원Discovery One 우주선을 책임지던 HAL 9000처럼 자아를 가진 존재가 아니기를 바랄 뿐이다.

전문가 시스템의 호황이 남긴 유산이 프롤로그 같은 논리적 프로그래밍 언어만 있는 것은 아니다. 또 다른 유산이 경영 규칙business rule의 형태로 남아 있다. 이것은 회사의 경영을 제약하는 규칙들을 담고 있다. 예를 들면 다음과 같다.

- 1만 달러가 넘는 구매 주문은 모두 부사장 이상의 임원에게 승인을 받아야 한다.
- 출장을 갈 때는 반드시 매니저의 승인을 받아야 한다.
- 매니저가 자신의 출장을 직접 승인할 수는 없다.
- 세 시간 미만의 출장 시에는 이코노미 클래스를 이용해야 한다.

경영 규칙 엔진은 이런 수칙들을 처리한다. 규칙 엔진rule engine의 가장 매력적인 장점 중 하나는 지식 습득과 유지 관리를 용이하게 해준다는 점이다. 이번에도 역시 무엇what과 어떻게how를 분리하는 것이 핵심이다. 그럼 조직의 의사결정이 변화에 반응해서 기민하게 이루어질 수 있다.

경영 규칙은 꽤 큰 인기를 끌었다. 이 분야는 현재 연간 15억 달러 정도의 매출을 창출하고 있으며, 1년에 10퍼센트 이상의 성장세를 보이고 있다. IBM이나 오라클 같은 주요 기술 기업들은 경영 규칙 소프트웨어를 제공하고 있으며, 스파클링 로직Sparkling Logic과 인룰 테크놀로지InRule Technology 같은 신생 기업도 마찬가지다. 실제로 경영 규칙은 소리 소문 없이 성공을 거둔 AI의 훌륭한 사례다. 분명 인정받아 마땅한 발전임에도 아직 제대로 대접을 못 받고 있어 아쉽다.

또한 이것은 AI가 이미 우리의 생활에 깊숙이 스며들어 있는데도 미처 인식하지 못하는 경우가 많다는 점을 잘 보여주고 있다.

**Intermission**

# 로봇이 온다

AI의 역사를 압축적으로 다루고 있는 이 책도 벌써 절반이 지났다. 이쯤이면 당신은 로봇은 대체 언제 등장하는 것이냐며 궁금해할 수도 있다. 지금까지 내가 언급했던 로봇은 하나밖에 없다. 1970년대에 나온 셰이키라는 깜찍한 이름의 로봇이다. 하지만 AI의 역사라면 당연히 포함시켜야 할 다른 중요한 로봇도 몇 개 있다.

AI와 로봇공학은 서로 긴밀하게 연결되어 있다. 로봇이라고 모두 AI를 사용하는 것은 아니다. 자동차 공장 로봇이 그러한 예다. 이 로봇은 자동차에 페인트를 칠할 때 그저 정해진 명령 집합만 따른다.

자동차가 정확한 장소에 있지 않으면 로봇은 허공에 페인트칠을 할 것이다. 이런 로봇은 사람을 다치게 하는 일이 없도록 보통 케이지 안에 넣어 운영한다. 하지만 세상에 나와 있는 로봇은 모두 AI를 사용한다. 세상은 예측 불가능하기 때문에 로봇은 그에 대처하기 위해 AI를 필요로 한다. 이 로봇들은 모두 AI를 이용해서 세상을 보고, 세상을 추론하고, 끝없이 변화하는 세상 속에서 행동을 계획한다.

AI를 로봇의 '두뇌'에 비유하는 것은 지나친 단순화지만, 중요한 진실을 담아내고 있다. 인공지능 분야에서의 혁신, 특히 컴퓨터 시각, 센서 융합sensor fusion, 동작 계획motion planning 같은 영역에서의 혁신이 로봇공학에 돌파구를 마련해 주었다. AI 알고리즘이 세상을 보고, 언어를 이해하고, 복잡한 행동 과정을 결정하는 능력이 더 세련되어질수록 로봇은 점점 유능하고, 유용해졌다.

따라서 로봇이 새로운 역할을 담당하게 된 데는 AI 기술의 발전이 결정적이었다. 예를 들어 컴퓨터 시각을 담당하는 AI 덕분에 로봇은 호주의 농장에서 잡초를 효율적이고 효과적으로 제거하는 과제를 제대로 수행할 수 있었다. 그리고 자동 충돌 방지 기술은 로봇 배가 호주의 방대한 해안선을 정찰하며 마약 밀수업자를 찾을 수 있게 해주었다. 따라서 현대 로봇공학에서 인공지능이 전부라 할 수는 없지만, 없어서는 안 될 요소인 것은 분명하다. AI는 더 유능하고 다재다능한 로봇을 만드는 데 기여했다. AI가 계속 발전함에 따라 더 많은 AI 기술력으로 무장한 로봇이 제조업, 외화, 농업, 광업, 가사와 같은 영역에서 점점 더 많은 역할을 담당하리라 기대할 수 있다.

## 모라벡의 역설

지금쯤 당신은 최근 들어 AI가 크게 발전했으니 로봇 집사, 로봇 청소부, 로봇 요리사가 이제 곧 내 집에도 등장하겠구나 싶어 잔뜩 기대하고 있을지도 모르겠다. 하지만 나쁜 소식이 있다. 아무래도 로봇 집사, 청소부, 요리사를 들이기까지는 오랜 시간이 필요할 것 같다. 집안이 혼잡하고 어수선한 환경이라는 점도 한몫한다. 뭐, 당신네 집은 모르겠지만 우리 집은 그렇다. 나는 리모컨을 찾지 못해 텔레비전을 켜지 못하는 경우가 많다. 그리고 인간이 경험할 수 있는 가장 큰 고통 중 하나는 바닥에 나뒹구는 레고 블록을 맨발로 밟는 것이다. 아무리 생각해도 우리 집은 과학적 미스터리다. 대체 왜 물건들이 내가 놓았던 자리에 없는 것일까?

하지만 로봇 집사, 청소부, 요리사가 아직 먼 얘기인 더 큰 이유는 이러한 혼란 때문이 아니라 모라벡의 역설Moravec's paradox 때문이다. 이 역설을 찾아낸 사람으로 로봇공학자 한스 모라벡Hans Moravec을 언급하지만 로드니 브룩스Rodney Brooks, 마빈 민스키Marvin Minsky 같은 유명한 AI 연구자들도 1980년대에 동일한 개념을 생각해 냈다. 모라벡은 이 역설을 다음과 같이 설명했다. "지능 검사나 체커 게임에서 컴퓨터에게 성인 수준의 능력을 부여하는 것은 상대적으로 쉽지만, 인지와 이동성이라는 측면에서 한 살 수준의 능력을 부여하는 것은 어렵거나 불가능하다."[1] 제일 유명하고 헤어스타일도 가장 멋진 인지 과학자 중 한 명인 스티븐 핑커Steven Pinker에 따르면, 지금까지 AI 연구자들이 밝혀낸 내용 중 이것이 제일 중요한 것인지도 모른다.

> 35년에 걸친 AI 연구에서 배운 큰 교훈이 있다. 어려운 문제는 쉽고 쉬운 문제는 어렵다는 것이다. 얼굴을 알아보고, 연필을 들고, 방을 가로질러 걸어가고, 질문에 답하는 등 우리가 당연시하는 네 살 아이의 지능 수준은 사실 지금까지 고안된 가장 어려운 공학적 문제를 척척 해결하고 있는 것이다. 자동차 광고에 나오는 조립라인의 로봇을 보고 속지 말라. 이들이 하는 일은 용접을 하고 스프레이로 페인트칠을 하는 것뿐이다. 이런 작업은 무언가를 보거나, 잡거나, 가져다놓지 않아도 할 수 있는 과제들이다. 인공지능 시스템을 당황하게 만들고 싶다면 이런 질문을 던져보라. 시카고와 빵 상자 중 어느 것이 더 크지? 얼룩말도 속옷을 입을까? 마룻바닥이 일어나서 너를 물 가능성이 있어? 수전이 가게에 가면 그 머리도 같이 갈까? 자동화에 대한 두려움은 대부분 헛다리를 짚고 있다. 새로운 세대의 지능형 장치가 등장하면 주식 전문가, 석유화학 공학자, 가석방위원회 위원 같은 직업은 기계에 의해 대체될 위험이 있다. 하지만 정원사, 접수 담당자, 요리사는 앞으로 수십 년간 안전한 일 지리를 보장받음 수 있을 것이다.[2]

스티븐 핑커가 이 글을 쓴 것은 1994년이다. 그래서 새로 등장할 AI 챗봇의 능력을 과소평가했다. 예를 들어 챗GPT의 경우 핑커가 던진 질문에 하나도 빠짐없이 재치 있고 정확하게 대답할 수 있다.

- **나:** 시카고와 빵 상자 중 어느 것이 더 크지? 얼룩말도 속옷을 입을까? 마룻바닥이 일어나서 나를 물 가능성이 있어? 수전이 가게에 가면 머리도 같이 갈까?
- **챗GPT:** 시카고가 빵 상자보다 확실히 더 큽니다! 얼룩말의 경우 아마도 속옷을 입지 않을 것이지만, 만약 입는다면 줄무늬일 가능성이 높습니다. 마루의 경우는 보통 행실이 착하기 때문에 일어나서 사람을 무는 경우는 거의 없습니다. 그리고 수전이 가게에 갈 때는 머리도 함께 따라가겠죠. 수전이 머리를 깜박하고 집에 놓고 오지만 않는다면 말입니다!

하지만 로봇공학이 맞이할 도전에 대해 그가 주장한 내용은 여전히 옳다. 사람에게는 쉬운 일이 로봇에게는 놀라울 정도로 어렵고, 반대로 사람에게는 어려운 일이 로봇에게는 쉬운 경우가 많다.

모라벡의 역설을 극복하는 한 가지 방법은 사람이 로봇과 함께 일하는 것이다. 그럼 작업에서 로봇이 어려워하는 공정을 인간이 맡을 수 있다. 실제로 우리는 이미 이것을 집에서도 확인할 수 있다. 우리 집에는 설거지를 하는 원시적인 로봇이 있다. 식기세척기라고 한다. 하지만 이 로봇은 우리가 식기를 기계 안에 넣고 빼주어야 작동할 수 있다. 그리고 우리에게는 빨래를 해주는 원시적인 로봇도 있다. 이것을 세탁기라고 한다. 하지만 이들도 전체 세탁 과정 중 일부만 담당한다. 빨랫감은 우리가 안에 직접 넣어줘야 하고, 빨래가 끝난 젖은 옷들은 우리가 꺼내서 빨랫줄에 걸어야 하고, 다 마르면 접어서 정리해야 한다.

나는 모라벡의 역설이 진짜 역설인지 의문이 든다. 우리 뇌는 수십억 년에 걸친 진화의 산물이다. 우리의 인지 능력과 운동 제어 능력은 수백만 세대를 거치면서 미세하게 조정된 것이다. 반면 언어 활용과 고차원의 추상적 사고는 훨씬 최근에 진화한 것이다. 우리 뇌에서 신상에 해당하는 영역이다. 기계가 과제에 통달하려 할 때 마주하는 어려움의 크기는 그저 기계가 발전하면서 기능을 통달하는 데 걸린 시간이 반영된 결과인지도 모른다.

## 최초의 로봇

로봇공학이 어려운 이유에서 한발 물러나 우리가 실제로 만들 수 있는 로봇을 살펴보자. 최초의 로봇은 진짜 로봇이 아니라 허구의 로봇이었다. 1920년, 체코의 작가 카렐 차페크 Karel Čapek는 유명한 SF 희곡 〈R.U.R.〉을 발표했다. 제목은 '로섬 유니버설 로봇 Rossum's Universal Robots'의 약자다. 사실 '로봇 robot'이라는 단어를 영어에 처음 도입한 것이 바로 이 작품이었다. 또한 이 작품은 이후 SF 장르의 핵심 주제로 자리 잡은 여러 문제의식을 처음으로 제시했으며, 그중 하나가 로봇이 인간에게 반기를 드는 사태에 대한 두려움이었다.

차페크의 희곡에 등장하는 로봇들은 금속으로 만들어진 것이 아니라 유기물질로 제작된 생물학적 로봇이었다. 이 합성 인간들은 살아 있는 생명체였다. 이들을 진짜 인간으로 착각하는 경우도 있었지만, 이들에게는 독창적인 사고와 감정이 결여되어 있었다. 〈스타워즈〉의 R2-D2보다는 유대교 신화의 골렘에 더 가까웠던 것이다. 차페크는 사실 AI로 돌아가는 미래가 아니라 당시에 진행되고 있던 산업혁명으로 인해 인간 노동자가 로봇으로 변해가는 과정을 보여주고 싶었다. 그의 로봇은 자궁 비슷한 통에서 자라서 공장의 조립라인에서 태어났다. 이들이 존재하는 목적은 오로지 인간을 섬기는 것이었다. 차페크의 로봇은 열정이나 주체성이 없는 생체기계bio-machine였다. 대량 생산된 이들의 몸통과 제조된 뇌는 노예 노동에 써먹기에 완벽했다.

공학적으로 가공된 이 복종이 인간 지배자를 상대로 반란의 씨앗을 뿌린다는 것이 연극의 주요 줄거리를 형성한다. 차페크는 급속한 산업화로 노동자들이 로봇으로 변해가는 세상에서 등장한 반자본주의 정서를 잘 담아내어 사람들의 공감을 이끌어냈다. 차페크의 로봇은 요즘 사람들이 로봇이라고 알아볼 만한 AI 기반의 기계가 아니라, 기술이 인간의 일자리와 가치를 대체하리라던 그 시대의 공포를

체화한 존재였다. 지금은 유용한 디지털 비서를 주변에서 자주 접하고 친근한 가정용 로봇에 대한 낙관적인 기대도 퍼져 있지만, 그럼에도 이런 불안이 여전히 AI 주변을 맴돌고 있다.

차페크는 인간과 사물 사이의 경계를 흐릿하게 만들어 사람들의 아픈 마음을 건드렸다. 그의 로봇은 자발적으로 감정을 진화시키지는 않았지만, 불평등으로 불붙은 분노와 폭력성을 갖고 있었다. 그의 연극은 결국 생물학적인 존재든 디지털로 만든 존재든, 다른 대상을 제압하고 착취하다 보면 그들이 사슬에 묶여 있음을 깨달았을 때 반발을 불러일으킬 수 있음을 경고하고 있다. 이는 AI의 역사에서 우리가 잊어서는 안 될 교훈이다.

## 엘머와 엘시

실제로 만들어진 최초의 로봇은 엘머Elmer와 엘시Elsie였다. 마치 세서미 스트리트Sesame Street에 등장하는 캐릭터 이름처럼 들리지만, 이 이름은 사실 머리글자를 딴 약어다. 전기기계식 로봇ELectroMEchanical Robot 엘머와 전기기계식 감광 로봇Electromechanical Light-SensItivE robot인 엘시는 1948년과 1949년 사이에 사이버네틱스 학자cybernetician 겸 신경생물학자인 윌리엄 그레이 월터William Grey Walter에 의해 브리스톨의 버든 신경학 연구소에서 만들어졌다.

엘머와 엘시는 특유의 모양과 느린 움직임 때문에 거북이로 종종 묘사된다. 전쟁에서 남은 물자와 오래된 알람시계로 만들어진 이 두 로봇은 일러스트레이터 W. 히스 로빈슨Heath Robinson이 펜으로 그린 듯한 모습을 하고 있다. 각각의 로봇에는 광센서가 부착된 바퀴 세 개가 달려 있다. 이 센서 덕분에 나방이나 다른 곤충들처럼 광원을 향해 움직이는 능력인 주광성phototaxis을 획득했다. 그래서 엘머와 엘시는 배터리가 부족해지면 충전소를 찾아갈 수 있었다.

　윌리엄 월터는 자신이 만든 로봇의 두뇌를 자극하기 위해 아날로그 전자장치를 이용했다. 당시 앨런 튜링 같은 동시대 학자들은 두뇌 자극을 위해 디지털 계산 방식을 시도했다. 엘머와 엘시의 예를

엘시 로봇의 도해

볼 때, '생각하는' 로봇의 실현 가능성을 최초로 입증하는 데는 아날로그가 디지털을 이겼다고 할 수 있겠으나, 디지털은 곧 그 가치를 보여주게 된다.

월터가 로봇을 만든 목적은 뇌세포 몇 개를 서로 연결하면 복잡한 행동도 수행하게 할 수 있음을 입증하기 위해서였다. 사실상 뇌가 작동하는 비결이 배선 방식에 달려 있음을 보여주고 싶었던 것이다. 이것이 이 책의 후반부에서 신경망에 대해 다루며 이야기하게 될 개념이다.

엘머와 엘시가 나오고 얼마 지나지 않아 디지털 로봇이 등장했다. 사실 프로그래밍 가능한 최초의 산업용 로봇은 불과 10여 년 후인 1961년에 만들어져 바로 산업 현장에 투입됐다. 이것이 유니메이트Unimate 로봇이다. 이 로봇은 뉴저지 제너럴모터스 조립 라인에 설치됐다. 이 로봇은 시뻘겋게 뜨거운 문손잡이와 자동차의 다른 부품들을 냉각수에 떨어뜨렸다. 그리고 조립 라인이 그 부품들을 실어 나르면 인간 작업자들이 다듬고 광택을 냈다. 당시 보고서에 따르면 공장 노동자들은 이렇게 뜨겁고 위험하고 단조로운 작업을 로봇에게 넘기는 것에는 우려하지 않았다. 1971년에 유니메이트는 이런 위험하고 단조로운 작업을 10만 시간 수행한 후에 은퇴하여 스미스소니언 박물관Smithsonian에 기증됐다.

유니메이트의 발명가인 조지프 엘겔버거Joseph Engelberger는 흔히 로봇공학의 아버지라 불린다. 그는 1963년에 〈자니 카슨의 투나잇 쇼〉

에 나와서 유니메이트 로봇을 시연해 보였다.[3] 유니메이트는 골프공을 쳐서 컵 안에 들어가게 만들고, 〈투나잇 쇼〉의 밴드를 지휘하고, 머그잔에 맥주 캔을 따르는 모습을 선보여 관중들을 놀라게 했다.

오늘날 전 세계적으로 300만 대의 산업용 로봇이 공장에서 가동 중이다. 이제 로봇의 수가 리투아니아 인구를 넘어섰다는 뜻이다. 실제로 지난 10년 동안 산업용 로봇의 수는 세 배로 증가했다. 그리고 2023년에 로봇공학 산업은 전 세계적으로 370억 달러가 넘는 수익을 기록했다. 이제 정말 로봇의 시대가 도래하고 있다!

## 로스트 인 스페이스

로봇이 지구에 묶여 있을 필요는 없다. 로봇을 우주로 보내면 실제로 많은 장점이 따라온다. 예를 들어보자. 로봇은 위험한 임무를 수행할 수 있다. 그리고 생명유지 장치가 필요하지 않고, 꼭 지구로 돌아올 필요도 없다. 그래서 NASA 같은 기관에서는 자율 로봇 개발에 앞장서고 있다. NASA는 이미 여러 대의 유명한 로봇을 길고 위험한 우주 임무에 보냈다. 어쩌면 이 로봇들은 인류가 멸종하고 오랜 시간이 지난 후에 외계인들에게 발견되어 우리가 남긴 최후의 묘비로 남을지도 모른다.

내가 좋아하는 로봇 중에는 우주에서 등장하는 것이 많다. 그중

최애 로봇은 아서 클라크의 소설 《2001 스페이스 오디세이》에 등장하는 가상의 로봇 'HAL 9000'이다. 다만 요즘에는 HAL을 완전한 허구라 할 수 없다. 요즘의 AI는 《2001 스페이스 오디세이》에서 HAL이 했던 모든 것을 할 수 있다. 사람 얼굴 알아보기? 오케이. 음성 질문을 이해하고 대답하기? 오케이. 체스 제대로 두기? 오케이. 조명 끄기? 오케이. 심지어 차고 문 열기도? 오케이.

'HAL'이라는 이름의 각 글자를 알파벳 순서대로 한 칸씩 옮기면 'IBM'이 된다. 이와 같은 연관성에 대해 저자 아서 클라크와 영화 감독 스탠리 큐브릭은 의도된 것이 아니라고 해명했다. 그들이 그렇게 말한 이유가, 영화 제작 및 배급사인 메트로 골드윈 메이어 Metro-Goldwyn-Mayer를 상대로 IBM이 소송을 제기하지 못하도록 하기 위함이었는지, 혹은 클라크의 설명대로 'HAL'이 '휴리스틱하게 프로그래밍된 알고리즘 컴퓨터 Heuristically programmed ALgorithmic computer'를 의미하기 때문인지는 명확하지 않다. 어쨌든 HAL은 내 어린 시절, 지능을 가진 기계를 만드는 사람이 되겠다는 꿈을 품게 만든 AI였다.

내가 좋아하는 또 하나의 우주 로봇은 마빈 Marvin이다. 마빈은 더글러스 애덤스의 놀라운 소설 《은하수를 여행하는 히치하이커를 위한 안내서》에 등장하는, 편집증에 걸린 안드로이드 로봇이다. 미빈의 말을 몇 마디 들어보면 그의 사랑스러운 성격이 잘 드러난다.

"인생! 제 앞에서 함부로 인생에 대해 말하지 마세요."

"하나 알아두셔야 할 게 있는데요, 제가 지금 아주 우울하거든요."

"제가 당신의 생존 가능성을 계산해드릴 수는 있는데, 아마 맘에 들지 않으실 거예요."

"저는 행성만큼 큰 뇌를 갖고 있어요. 그런데 이런 저한테 시키는 일이 고작 당신을 우주선 함교까지 안내하는 일이예요. 이것을 직업적 만족이라 말할 수 있을까요? 전 아니라고 보거든요."

"그리고 물론 내 왼쪽에 있는 다이오드 전체에서 끔찍한 고통이 느껴져요."

마빈이라는 캐릭터에 왜 이렇게 공감이 가는지 모르겠다. 어쩌면 마빈이 AI와 로봇 공학에 대한 우리의 희망과 두려움을 반영하고 있기 때문인지도 모른다. AI도 우리 인간을 괴롭혀온 존재론적 질문과 감정적 고뇌를 똑같이 겪어야 할까? 아니면 그냥 지능과 행복은 양립하기 어려운 것일까? 이유야 어쨌든 내가 보기에 마빈은 지금까지 우리가 상상했던 로봇 중 가장 재미있는 창조물 중 하나다. 마빈이 우리의 상상이 아니라 실리콘으로 모습을 갖추게 될 날을 고대한다.

## 룸바

이번에는 아마도 오늘날 지구에서 가장 높은 인기를 누리고 있지만 겸손한 로봇, 바로 로봇 진공청소기에 대해 얘기해볼까 한다. 이것은 그냥 보잘것없는 로봇 진공청소기다. 시장을 선도하는 기업인 아이로봇iRobot은 로봇 진공청소기인 룸바Roomba가 전 세계적으로 4,000만 대 이상 팔렸다고 주장한다. 아이로봇이 로봇 진공청소기 시장에서 약 50퍼센트의 점유율을 차지하고 있음을 고려하면 지금까지 전 세계적으로 판매된 로봇 진공청소기의 수가 대략 8,000만 대 정도 된다는 얘기다. 이는 영국 전체 인구보다도 많다. 이것이 모두 로드니 브룩스Rodney Brooks라는 한 선구적인 호주인 덕분이다.•

브룩스는 1954년에 호주 애들레이드에서 태어났고, 플린더스 대학교에서 수학을 공부하고 스탠퍼드 대학교에서 박사 학위를 받았다. 그는 결국 MIT에서 권위 있는 파나소닉 로봇공학 교수직을 맡았고, MIT 컴퓨터과학 및 인공지능 연구소MIT Computer Science and Artificial Intelligence Laboratory 소장으로도 활동했다. 하지만 그의 관심은 단순히 AI와 로봇공학 분야의 학문적 발전에만 그치지 않았다. 그는 로봇이 사람들의 삶에 실질적인 영향을 미치기를 원했다. 그래서 1990년에 현실 세계에서 유용한 과제들을 수행할 수 있는 지능형 기계를 만드는 것을 목표로 아이로봇을 공동 창립했다.•• 2002년에 아이로봇은

- • 운이 좋게도, 이번에도 나는 로드니 브룩스와 잘 알고 지내는 사이다. 맞다. AI 분야는 규모가 작다 보니 지난 40년 동안 이 분야에서 일하면서 개척자들을 대부분 직접 만나보는 영광을 누렸다.
- •• 이 지면을 통해 아이로봇의 다른 두 공동 창립자인 콜린 앵글Colin Angle과 헬렌 그라이너Helen Greiner에게도 경의를 표한다.

룸바 로봇 진공청소기를 출시했다. 이것은 집 안을 돌아다니면서 깨끗이 청소할 수 있는, 실용성을 갖춘 최초의 가정용 로봇이었다.

최초의 룸바는 아주 원시적이었다. 가구에 부딪히지 않게 멈춰줄 센서가 달려 있었지만 자기가 청소하고 있는 공간의 내부 지도는 갖고 있지 않았다. 대신 수학자들이 '주정뱅이의 발걸음drunkard's walk'이라고 부르는 동작을 수행했다. 장애물을 만날 때마다 무작위 각도로 회전한 후에 새로운 방향으로 다시 출발하는 것이다. 언뜻 멍청한 방법처럼 보이겠지만 그렇지 않다. 이런 무작위 보행을 사용하면 결국 집 안에서 접근 가능한 지점에는 모두 도달하기 때문이다. 하지만 2015년 이후로는 룸바도 자기 집의 지도를 작성할 수 있게 됐다. 그래서 더욱 효율적으로 청소할 수 있을 뿐 아니라 충전기로 돌아올 수도 있게 됐다. 그렇다. 이것은 곧 로봇이 당신을 감시하고 있다는 의미이기도 했다. 사실 2022년 말에 J7 시리즈 룸바 로봇진공청소기가 변기에 앉아 있는 사람들의 민망한 장면을 촬영한 사진을 스케일 AIScale AI로 전송했다가 그 사진들이 페이스북에 업로드되는 사건이 있었다. 스케일 AI는 사람을 이용해 데이터를 라벨링해서 인공지능 훈련에 활용하는 스타트업이다.

아이로봇의 로봇들이 가정에서만 사용되는 것은 아니다. 기자의 대피라미드Great Pyramid of Giza를 탐사하여 숨겨진 방을 찾아내기도 하고, 이라크와 아프가니스탄에서는 폭탄을 해체했으며, 후쿠시마 원전 사고 현장에서는 데이터를 수집했고, 2010년 딥워터 호라이즌

Deepwater Horizon 기름 유출 사고 이후에는 수중에 유출된 기름을 탐지하는 데도 활용됐다.

아마존은 25억 호주달러에 아이로봇을 인수하기로 했다고 2022년 8월에 발표했지만, 유럽연합 위원회European Commission의 반독점 조사를 거친 끝에 2024년 1월에 결국 무산되고 말았다. 계약 해지에 따라 아마존은 아이로봇에게 미화 9,400만 달러를 위약금으로 지급했지만, 회사 측에서는 직원의 3분의 1을 해고할 수밖에 없다고 발표했다. 나는 이것이 그냥 일시적인 난관에 불과하기를 바라며, 아이로봇이 앞으로도 우리 삶에 더 많은 로봇을 도입하는 여정을 이어갈 수 있기를 바란다.

## 스탠리

로봇이 우리의 삶 속으로 파고드는 또 다른 영역이 있다. 바로 도로 위다. 당신은 로봇이라 생각하지 않을지도 모르지만 자율주행 자동차는 사실 로봇이다. 로봇은 세상에 대한 정보를 제공하는 센서, 판단을 내리는 컴퓨터, 그리고 환경과 상호작용하는 작동기actuator를

• 그런데 자율주행 자동차에서 사율은 대체 누구의 지율일까?

갖춘 기계다. 자율주행 자동차는 도로를 보기 위해 카메라 같은 센서가 달려 있고, 어디로 운전하고 언제 가속하고 언제 브레이크를 밟을지 판단하기 위해 컴퓨터를 탑재했고, 스로틀throttle을 조절하고 브레이크를 작동시키고 운전대를 돌리는 작동기를 갖고 있다. 그래서 로봇의 자격을 갖춘다.

분명 당신은 자율주행 자동차를 약속한 지 벌써 수십 년이 지났다고 불평하고 있을 것이다. 일찍이 1940년에 산업디자이너 노먼 벨 게디스Norman Bel Geddes는 《마법의 도로Magic Motorways》라는 책에서 1960년대면 자율주행 자동차가 나올 것이라는 대담한 상상을 펼쳤다. 좀 더 최근에는 일론 머스크도 자율주행 자동차의 도래가 임박했다고 예측했다. 2015년에 그는 3년 정도가 걸릴 거라고 했다. 그리고 2016년에는 판을 더 키워서 1년 앞당겨진 2017년에 나올 것이라 약속했다. 2019년에는 그 시기가 2020년으로 늦춰졌다. 그리고 2022년에 그는 다시 1년밖에 남지 않았다고 약속했다. 그는 말할 때마다 틀렸다.

자율주행 자동차는 대체 어디에 있는가? 사실 그들은 은밀하게 다가오고 있다. 현대의 자동차들은 사실상 바퀴 달린 컴퓨터다. 자동차에는 카메라, 라이다(lidar, 레이저를 이용해 물체와의 거리를 측정하고, 환경을 3D로 시각화하는 기술-옮긴이), 레이더같이 세상을 감지하는 센서들이 잔뜩 장착되어 있다. 그리고 이제 고속도로 주행에서는 자율주행 기능이 흔히 사용된다. 물론 고속도로 주행은 시내 주행보다 쉽다. 모든 차량이 같은 방향을 향해 움직이고, 자전거 타는 사람, 보행자, 사거리 정지 같은 어려운 과제도 별로 없다. 하지만 자율주행 자동차는 이런 도전 과제도 점점 더 잘 헤쳐 나가고 있다.

자율주행 자동차를 구축하는 기술은 수십 년 동안 개발됐다. 2004년에 DARPA에서는 자율주행 자동차 연구를 촉진하기 위해 100만 달러 상금을 걸었다. 캘리포니아-네바다주 경계에 있는 모하비 사막을 240킬로미터 가로지르는 경주에서 열다섯 개 팀이 상금을 놓고 경쟁했다. 하지만 이 대회는 비참한 실패로 돌아갔다. 최종 경주가 시작되기도 전에 두 대의 차량은 기권해야 했고, 또 다른 한 대는 출발 구역에서 뒤집히고 말았다. 그리고 사막 주행 몇 시간 만에 대부분의 차량은 심각한 고장을 일으켜 실격하거나 기권해야 했다. 자율주행 자동차가 달린 가장 긴 거리는 240킬로미터 중 고작 11킬로미터에 불과했다.

그다음 해에 상금을 두 배로 올리자 팀들의 성적이 훨씬 좋아졌다. 스물세 개 팀 중 다섯 개가 212킬로미터 사막 코스를 성공적으로 완주했다. 승자는 스탠퍼드 대학교에서 참가한 스탠리Stanley였다. 스탠리는 일곱 시간이 채 안 되는 시간에 경로를 완주하여 가장 강력한 경쟁자인 카네기 멜론 대학교의 샌드스톰Sandstorm을 불과 11분 차이로 앞섰다. 스탠리라는 이름을 보고 스탠퍼드를 떠올렸을 테지만, 사실 이 이름은 스탠리 큐브릭 감독의 이름을 딴 것이었다. 이 차는 2005년식 폭스바겐 투아렉Touareg를 대폭 개조한 것으로 지금은 워싱턴 D.C.의 국립 항공우주박물관에서 볼 수 있다.• 우승팀의 리더인 세바스찬 스런Sebastian Thrun은 이 결과를 두고 이렇게 말했다. "불가능한 일을 달성했습니다."

스탠리는 하룻밤 사이에 성공한 것처럼 보이지만 사실은 준비하는 데 수십 년이 걸린 결과물의 또 다른 사례다. 스탠리의 선구자 중 가장 일찍 등장했고 가장 중요했던 것은 유레카 프로메테우스Eureka PROMETHEUS 프로젝트였다. 이 프로젝트는 1987년에서 1994년까지 EU에서 8억 유로라는 적지 않은 돈을 지원해서 성사되었다. 이 프로젝트를 통해 유럽의 자동차 제조업체, 대학, 기술 기업이 컨소시엄을 구성해서 자율주행 능력 개발에 뛰어들었다. 프로메테우스가 1994년에 끝나자, 그 성과물로 나온 기술과 시스템은 특별히 설계된 두 대의 자율주행 프로토타입 차량 VaMP와 VITA-2를 통해 실제 도로에서 테스트를 거쳤다. 이 자율주행 차량들은 파리를 둘러싸고 있는 고속도로에서 평소와 같은 교통 상황임에도 1,000킬로미터가 넘는 거리를 시속 130킬로미터의 속도로 성공적으로 주행하는 획기적인 성과를 올렸다. 프랑스의 고속도로에서 운전한 적이 있는 사람이라면 이것이 얼마나 대단한 업적인지 이해할 것이다.

이 프로토타입은 차선 감지를 위한 컴퓨터 시각 시스템, 레이더

● 왜 자동차가 항공우주박물관에 있는지 궁금할 것이다. 그 이유는 스탠리가 GPS 인공위성 항법 시스템을 이용했기 때문이다.

기반의 충돌 방지 시스템, 경고 계획 시스템 같은 자율주행 기술을 시연해주었다. 이제는 이런 기술들이 일상적인 것으로 자리 잡았다. 따라서 이들은 스탠리를 비롯해 웨이모Waymo, 크루즈Cruise, 테슬라 같은 회사들이 만들고 있는 자율주행 운송 수단을 위해 길을 터준 중요한 디딤돌이었다.

## 소피아

대중에게 많은 우려를 불러일으킨 로봇을 마지막으로 이 짧은 막간을 마무리할까 한다. 소피아Sophia라는 로봇이다. 이것은 UN, TV, 전 세계에서 관객들을 놀라게 만든 대단히 사실적인 인간형 로봇이다. 사실 소피아는 너무 유명해서 위키피디아에 따로 페이지가 생겼을 정도다. 2017년에 소피아가 사우디아라비아의 시민으로 선포되자 삽시간에 걱정이 번져나갔다. 지각을 갖춘 로봇이 등장한 것인가? 이제 로봇에게도 권리가 필요한가? 당시 사우디아라비아왕국이 이 로봇에게 여성보다 더 많은 권리를 부여했다는 점을 잊지 말자.

소피아는 걱정해야 할 대상이 아니다. 사실 소피아는 사기극에 가깝다. 이 사기극을 이해하려면 소피아를 탄생시킨 호기심 많은 인간의 마음을 들여다보는 것이 도움이 된다. 그 마음의 주인은 핸슨 로보틱스Hanson Robotics의 창립자 겸 CEO인 데이비드 핸슨 주니어David

Hanson Jr다. 그는 예술과 과학의 두 영역 사이에 발을 걸치고 있는 몽상가다. 그는 영화 전공으로 미술 학사학위를 받으며 커리어를 시작해서 디즈니에서는 테마파크에 사용할 조각상과 애니메트로닉 피규어(animatronic figure, 전자 장치와 기계 장치를 이용해 움직이는 생명체처럼 보이는 인형이나 모형-옮긴이)를 만드는 '이매지니어(imagineer, 월트 디즈니에서 만든 상상력imagination과 공학engineer의 합성어로, 디즈니 테마파크와 관련된 창의적 설계 기술자를 뜻한다-옮긴이)'로 일하다가 미학 연구로 박사 학위를 받았다. 그는 인간의 형상을 한 로봇을 만드는 일에 집착한다. 하지만 그의 창작물은 본질보다는 겉모습에 치중되어 있다.

핸슨은 사람과 아주 닮은 로봇이 사람들과 깊고 의미 있게 연결될 수 있다고 믿는다. 그리고 소피아를 시연했을 때 관객들이 보여준 반응은 이런 믿음을 확인해주는 것 같았다. 진홍색 입술, 깜박이는 속눈썹, 당신의 움직임을 따라가는 듯한 감탄 어린 시선까지. 소피아는 묘한 매력이 있는 인간처럼 보인다. 인간의 가능성을 넘나드는 듯한 즉흥적인 대화가 소피아의 매력에 한층 더 힘을 불어넣는다. 2018년 부다페스트에서 열린 연례행사 브레인 바(Brain Bar, 다뉴브강에서 열리는 일종의 사우스 바이 사우스웨스트 같은 행사)에서 관객 한 명이 "당신의 첫 기억은 무엇인가요?"라고 물었다. 그러자 소피아는 이렇게 대답했다. "눈을 뜨고 온라인에 접속한 순간, 하얀 벽과 초록색 찬장 그리고 데이비드의 얼굴을 본 게 기억나요."

진행자 지미 팰런이 2017년 〈투나잇 쇼〉에서 소피아의 살아 있는 듯한 외모에 대해 농담을 던지자 핸슨은 이야기꾼다운 미묘한 암시를 던졌다. "기본적으로 그녀는 살아 있습니다." 이것이 큰 논란을 낳았다. 페이스북 AI 연구소의 수석 AI 과학자 얀 르쿤Yann LeCun은 트위터(지금의 X)에서 "완전 헛소리!"라고 소리치며 소피아를 '카고 컬트 AI(Cargo Cult AI, 카코 컬트란 2차 세계대전 중 미군 비행기가 화물을 낙하산으로 떨어뜨리는 것을 본 태평양 원주민들이, 가짜 비행기와 활주로를 만들어 미군의 행동을 겉으로 흉내 내면서 화물이 떨어지기를 바란 것을 말한다-옮긴이)'에 비유했다. 겉으로 지능만 흉내 낸 것을 두고 대중이 진짜 인지 능력을 가진 것으로 착각하게 만든다는 것이 진지한 AI 연구자들을

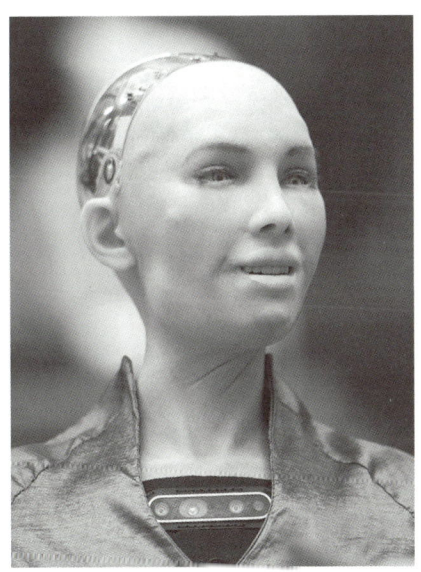

2019년 본에서 열린 글로벌 미디어 포럼에서의 수피아

분노하게 만들었다.

르쿤의 말이 옳다. 소피아는 대체로 연극에 가깝고, 표면 아래로 들어가 보면 지능이 거의 없다. 소피아의 대화와 몸짓은 철저히 대본을 따른 것이다. 실제로 나는 대규모 AI 회의를 개최하면서 소피아를 대여해보려고 했다. 그런데 멜버른으로 하루 빌려오는 가격이 5만 호주달러인 것을 보고 충격을 받았다. 하지만 대여 신청 양식을 보고는 놀라지 않았다. 그 안에는 그녀의 대화가 어떤 식으로 미리 프로그래밍되어 있어야 하는지 적혀 있었다. 소피아는 잘 속는 인간의 본성을 이용하고 있다. 우리는 생명이 없는 물체라도 사람처럼 보이면 바로 거기에 인간적인 가치를 부여한다. 그 얼굴 뒤에 인공이든 아니든 지능이 거의 혹은 전혀 없더라도 말이다.

현혹되지 않기를 바란다. 나는 분명 경고했다!

# The Shortest History of AI

THE
SHORTEST
HISTORY
OF AI

# 2부

# 학습의 시대

# IDEA 4

## 인공두뇌에 관하여

이제 인공지능의 역사 후반부로 들어가자.

지금까지 AI는 인간이 프로그래밍을 해주었다. 우리는 인간이 어떤 방식으로 문제를 해결하는지 꼼꼼히 검토했다. 예를 들어 사람이 어떻게 답을 찾아 나서는지(교훈 #1: 해답 탐색하기), 어떻게 게임을 하는지(교훈 #2: 최고의 수 두기), 어떻게 좁은 영역에서 전문가가 되는지(교훈 #3: 규칙 따르기) 등을 고려했다. 그다음에는 이 과정을 시뮬레이션하기 위해 AI 프로그램을 작성했다. 하지만 이런 식으로 AI를 직접 프로그래밍하는 접근 방식은 대단히 느리고 고통스럽다. 게다가 자신의 문제 해결 방식을 고민하는 인간의 그다지 뛰어나지 못한 성찰 능력에 크게 의존한다. 분명 이보다 나은 방법이 있지 않을까?

이번에도 역시 인간의 지능에서 영감을 얻을 수 있다. 우리는 인간이 수행하는 여러 가지 지능적인 일들을 학교에서 배운다. 글을 읽고, 쓰고, 이차방정식을 풀고, 소네트를 작문하는 법을 타고나지 않았다. 우리가 하는 지능적인 일 대부분은 배워서 아는 것이다. 컴퓨터 역시 이런 것을 학습할 수 있을까?

이것은 앨런 튜링이 1950년에 발표한 논문 〈계산 기계와 지능 Computing Machinery and Intelligence〉에서 처음 제시한 개념이다. 이 논문은 일반적으로 인공지능에 관한 최초의 과학적 논문으로 간주되며, 이 논문에서 튜링은 자신의 이름을 딴 AI 테스트를 소개했다. 하지만 이 논문은 대단히 중요한 또 다른 개념도 소개했다. 인공지능이 불가능할지도 모를 이유를 검토한 후에 튜링은 어떻게 하면 실제로 AI를 구축할 것이냐는 질문으로 눈을 돌렸다. 그리고 여기서 그는 '학습 기계'라는 개념을 제안했다.

> 성인의 정신을 시뮬레이션하는 프로그램을 만들려고 애쓰는 대신 아이의 정신을 시뮬레이션하는 프로그램을 만들면 어떨까?
> 이 프로그램이 적절한 개발 과정을 거치면 성인의 두뇌를 얻을 수 있을 것이다.

튜링의 개념이 가진 분명한 매력에도 불구하고 '학습 기계'는 AI

초창기에 별로 주목을 받지 못했다. 사실상 2010년대에 이르러서야 '딥러닝deep learning(심층학습)'이라는 새로운 접근 방식의 도입과 함께 '학습 기계' 개념도 크게 주목받게 되었다.

하룻밤 사이에 성공한 것처럼 보이는 딥러닝도 역시 50년 넘는 세월에 걸쳐 준비된 것이다. 그리고 이 성공을 이해하려면 다시 제2차 세계대전으로 돌아가서 AI의 초창기에 등장하는 두 명의 흥미진진한 인물을 만나보아야 한다.

학습은 두뇌에서 일어난다. 따라서 학습하는 기계를 구축하려면 인공두뇌를 구축하는 것이 자연스러운 방법이다. 그리하여 오늘날 AI의 핵심이 된 네 번째 개념이 등장했다. "경험을 통해 학습하는 인공 뉴런artificial neuron의 네트워크로 인간의 뇌를 모방할 수 있다."

이 개념에는 두 가지 작은 문제가 있다. 첫 번째 문제는 알려져 있다시피 인간의 두뇌가 우주에서 가장 복잡한 대상이라는 점이다. 우리가 알고 있는 모든 지식 중에서 수십억 개의 뉴런, 그리고 그것들을 이어주는 수조 개의 시냅스가 만들어내는 복잡성에 대적할 만한 다른 존재는 없다. 두 번째 문제는 수십억 개의 뉴런은 고사하고 뇌 속에 들어 있는 뉴런 하나가 어떻게 작동하는지도 잘 모른다는 점이다. 하지만 이런 작은 문제들은 다음에 소개할 두 인물이 단순화한 뇌를 컴퓨터로 시뮬레이션하려는 시도를 막지 못했다.

여기 월터 피츠Walter Pitts와 워렌 매컬럭Warren McCulloch을 소개한다. 재능 있는 괴짜 학자였던 두 사람은 1940년대에 신경망neural network의 토대를 마련했다. 신경망은 AI의 역사에서 지금까지 개발된 것 중 가장 중요한 기술이다.

월터 피츠는 디트로이트의 가난한 가정에서 태어난 신동이었다. 전해지기로 그는 어느 날 자기를 괴롭히는 동네 아이들을 피해 도서관으로 숨었다고 한다. 그는 도서관이 문을 닫은 후에도 계속 그곳에 남아 3일 동안 《수학 원리》를 읽었다. 《수학 원리》는 앞에서 최초의 AI 프로그램인 논리 이론가에 대해 얘기하면서 소개했던 책으로, 버트런드 러셀과 앨프리드 화이트헤드가 모든 수학에 논리적 토대를 제공하기 위해 쓴 2,000페이지 분량의 이론서이다. 이것은 역사상 가장 유명하고 중요한 수학 고전 중 하나다. 하지만 그럼에도 어린 피츠는 그 안에서 몇 가지 수학적 오류를 찾아냈다. 그는 이런 문제를 지적하는 글을 적어 버트런드 러셀에게 편지로 보냈다.

러셀은 너그럽게도 답장을 보내 자신과 함께 공부하자며 케임브리지 대학교 대학원생으로 피츠를 초대했다. 피츠가 열두 살밖에 안 된 소년이라는 사실을 몰랐던 것이다. 당연히 피츠는 러셀의 제안을 받아들이지 않았다. 하지만 계속 버트런드 러셀과 서신을 교환했다. 열다섯 살이 되었을 때 피츠는 집을 떠나 시카고대학교 주변을 어슬렁거렸고, 거기서 러셀이 하는 강의를 몇 개 들었다.

시카고는 피츠가 근처 일리노이 대학교의 정신과 교수 워렌 매컬럭의 영향력 아래로 들어가게 된 곳이기도 하다. 매컬럭은 집이 없는 피츠와는 아주 다른 배경을 가진 사람이었다. 매컬럭은 미국 동부 해안의 부유한 변호사, 의사, 공학자 가문에서 태어났다. 그는 예일 대학교와 컬럼비아 대학교를 다녔고 오랜 세월 특권을 누리며 산 덕분에 줄담배를 즐기는 자신감 넘치는 학자가 됐다. 그는 부분적으로는 철학자, 부분적으로는 시인, 부분적으로는 과학자였다.

피츠와 매컬럭이라는 이 어울리지 않는 한 쌍에게도 한 가지 공통점이 있었다. 전설적인 고트프리트 라이프니츠Gottfried Leibniz였다. 두 사람 모두 이 17세기 철학자를 숭배했다. 특히 앞에서도 언급했듯이 AI 선사시대의 일부였던 인간 사고의 알파벳을 만들고자 했던 그의 시도를 높이 샀다. 그래서 피츠와 매컬럭은 라이프니츠의 작업을 함께 이어가기로 했다.

《수학 원리》는 그들에게 또 다른 영감의 원천이었다. 러셀과 화

월터 피츠(왼쪽)와 워렌 매컬럭. 퍼지 논리의 아버지인 로트피 자데Lotfi Zadeh가 촬영했다

이트헤드는 참(1)과 거짓(0)을 논리곱AND, 논리합OR, 부정NOT과 결합해서 모든 수학을 참과 거짓, 혹은 1 또는 0이라는 단순한 논리로 환원했다. 피츠와 매컬럭은 인공두뇌의 단순화 모형에서도 이진 분해 방식binary decomposition을 재현하려 했다.

뇌는 뉴런이 '발화fire'하거나 발화하지 않는 방식, 즉 활성화되거나 비활성화되는 방식으로 작동하는 이진 장치다. 뉴런들은 뇌 안에서 복잡한 네트워크를 이루며 서로 연결되어 있다. 따라서 피츠와 매컬럭은 'AND', 'OR', 'NOT' 같은 단순한 논리 연산자를 이용해 논리 공식을 분해하듯, 인공두뇌 역시 이진 뉴런들로 이루어진 단순한 네트워크로 분해할 수 있다고 보았던 것이다.

## 인공뉴런

피츠와 매컬럭은 '퍼셉트론perceptron'이라는 단순한 이진 뉴런 모델부터 시작했다. 이것은 본질적으로 논리 게이트logical gate에 해당한다. 퍼셉트론은 두 개 이상의 입력을 받아들여 그 입력들로 가중합weighted sum을 더한다. 그 합이 역치를 초과하면 퍼셉트론의 출력이 발화된다. 그 합이 역치를 넘지 못하면 출력이 발화하지 않는다. 이것으로 퍼셉트론의 작동방식을 설명할 수 있다. 하지만 학습은 어떻게 이루어질까?

여기서 퍼셉트론으로 들어오는 입력에 대한 가중치가 등장한다. 뇌에서 이루어지는 학습이 뇌의 뉴런으로 들어오는 입력을 강화하거나 약화하는 것처럼, 퍼셉트론에 들어오는 입력도 그냥 가중치를 조정해주면 된다. 퍼셉트론에 들어오는 입력이 중요할수록 가중치가 커지고, 덜 중요할수록 가중치도 낮아진다.

좋은 조합을 찾을 때까지 가중치를 무작위로 조정할 수도 있지만, 가중치를 천천히 높이거나 낮추는 더 체계적인 방법이 존재한다. 그리고 코넬 대학교의 심리학 강사 프랭크 로젠블랫Frank Rosenblatt이 이것을 구현했다. 처음에는 1957년에 IBM 704 컴퓨터의 소프트웨어에, 그리고 1960년에는 하드웨어에 구현했다. 그가 만든 마크 1 퍼셉트론The Mark 1 Perceptron은 최초의 신경망으로, 현재 스미스소니언 박물관에 보관되어 있다.

마크 1 퍼셉트론은 "인공두뇌"였다. 그리고 그것은 대중의 상상력을 사로잡았다. 〈뉴욕타임스〉는 퍼셉트론을 "전자 컴퓨터의 배아"라며 "연구 자금을 지원한 미 해군 측은 걷고, 말하고, 보고, 글을 쓰고, 스스로를 복제하고, 자기 존재를 인식할 수 있는 전자 컴퓨터가 탄생할 것으로 기대하고 있다"라고 보도했다.[1] 로젠블랫은 웅대한 주장으로 이런 거창한 희망에 불을 붙였다. 1958년에 그는 이렇게 적었다.

인간의 특성을 가진 기계를 창조한다는 이야기는 오랫동안 공상과학 분야에서 매력적인 주제였다. 이제 우리는 그런 기계의 탄생을 목도할 순간을 맞이하고 있다. 인간의 훈련이나 통제 없이도 주변 환경을 지각하고, 알아보고, 식별할 수 있는 기계 말이다.[2]

  낙관적으로 생각할 만한 이유가 있었다(이 정도 낙관은 좀 과했을지도 모르지만). 마크 1 퍼셉트론의 초기 결과가 실제로 유망해 보였기 때문이다. 그리고 퍼셉트론의 네트워크가 이론상으로는 어떤 논리 함수도 구현할 수 있음이 입증되어 있었다. 하지만 현실은 곧 무너져 내렸다. 어쨌든, 퍼셉트론의 단순한 네트워크는 결국 인간의 뇌를 극단적으로 단순화한 모델이었다. 심지어 1940년대의 과학자들이 인간의 뇌에 대해 이해하고 있었던 부분들조차 제대로 구현하지 못할 만큼 지나치게 단순화한 모델이었던 것이다. 예를 들어 인간의 뇌에서는 뉴런 간의 연결이 만들어질 수도, 파괴될 수도 있는 반면 퍼셉트론의 네트워크는 고정되어 있다. 그리고 뉴런은 신호 유입의 타이밍에 영향을 받는 반면, 퍼셉트론은 동기적으로 작동했다.

  하지만 퍼셉트론의 인기가 완전히 사그라진 이유가 이런 지나친 단순화 때문만은 아니었다. 로젠블랫은 신경망 분야를 수십 년 뒤로 후퇴시킨 강력한 반대에 부딪혔다. 퍼셉트론이라는 개념에 특히 소리 높여 반대한 주요 연구자 중 가장 핵심 인물은 아마 다트머스 워크숍 주최 측의 일원이자 AI 분야의 선두주자였던 마빈 민스키일 것이다. MIT 출신의 마빈 민스키와 시모어 페퍼트Seymour Papert가 함께 쓴, 지금은 유명해진 책 《퍼셉트론Perceptrons》이 1969년에 출판됐다. 이 책은 퍼셉트론으로 할 수 있는 계산의 한계를 탐색했다. 그리고 그중에서도 제일 중요한 것은 한 층의 퍼셉트론을 갖춘 네트워크가 '홀수와 짝수'처럼 간단한 개념도 학습할 수 없다는 점이었다.

사실 이 책이 미친 부정적인 영향은 부당한 측면이 있다. 단일 층을 넘어 여러 층으로 이루어진 퍼셉트론 네트워크를 이해하면 퍼셉트론이 실제로 '홀수와 짝수' 같은 개념을 배울 수 있음이 밝혀졌기 때문이다. 하지만 퍼셉트론에는 어느 정도 한계가 있다는 인식이 굳어져 버렸다.

어떤 사람들은 이 당시 퍼셉트론의 인기가 식은 이유가 로젠블랫의 퍼셉트론 학습 규칙이 너무 느렸기 때문이라고 주장한다. (이 문제는 2010년대에 이르러 세 가지 주요 발전이 있은 뒤에야 해결됐다. 세 가지 발전이란 학습을 위한 역전과 규칙의 대중화, 훨씬 빨라진 컴퓨터, 그리고 규모가 커진 훈련 데이터세트다.) 하지만 진짜 이유는 기호적 접근방식을 좋아하는 진영과 기계 학습에 전념하는 두 진영 간의 계속된 싸움이었을지도 모른다. 존 매카시와 마빈 민스키 등 AI에 대한 기호적 접근법을 선호하는 사람들은 1960년대 말에 영향력 있는 자리를 차지하고 있었다. 그리고 프랭크 로젠블랫은 자기 주장이 강한 사람이었지만 그의 지나치게 열성적인 주장들은 대의에 도움이 되지 않았다.

이유가 무엇이었든, 신경망 혁명은 동력을 잃고 그 후로 40년간 침체기에 빠져들었다. 로젠블랫은 연구자금 지원이 크게 줄어들었음에도 퍼셉트론 연구를 이어갔지만, 다른 많은 이는 그렇지 않았다. 실제로 많은 사람이 이 분야를 완전히 떠나는 바람에 신경망은 완전히 인기에서 멀어졌다. 로젠블랫이 퍼셉트론을 사용한 마지막 시도는 1961년에서 1967년 사이에 만들어진 토버모리Tobermory라는 음성 인식 시스템이었다. 이것은 네 개의 층과 도넛형 자기 코어toroidal magnetic core를 통해 구현된 1만 2,000개의 가중치를 갖춘 퍼셉트론 네트워크였다. 토버모리는 방 하나를 가득 채울 정도로 컸지만 이런 인상적인 하드웨어도 이미 당시의 범용 디지털 컴퓨터에게 쉽게 밀렸다. 로젠블랫의 특수 하드웨어는 컴퓨터 혁명을 이끈 무어의 법칙(Moore's law, 인텔의 공동 창립자인 고든 무어가 1965년에 주장한 법칙으로, 반도체 칩에 들어가는 트랜지스터의 수가 2년마다 두 배로 증가한다는 내용이다-옮긴이)에 뒤처져 있었다.

> 프랭크 로젠블랫은 천문학에서 음악, 등산, 정치에 이르기까지 다방면에 관심이 많았던 매력적인 인물이었다. 그는 브롱크스 과학고등학교Bronx High School of Science를 다녔는데 이곳은 어느 학교보다도 노벨상 수상자를 많이 배출했을 뿐 아니라 마빈 민스키를 비롯해서 튜링상Turing Award 수상자를 여럿 배출한 곳이기도 하다. 말년에 로젠블랫은 집 근처 언덕 위에 천문대를 짓고 외계 생명체를 찾는 용도로 사용했다. 슬프게도 그는 1971년 마흔세 번째 생일날 보트 사고로 익사했다.● 이즈음 로젠블랫은 퍼셉트론 연구에서 벗어나, 훈련된 쥐의 뇌에 들어 있는 물질을 훈련받지 않은 쥐의 뇌에 주사한 뒤 그 쥐가 더 똑똑해지는지 확인하는 연구를 진행하고 있었다.

● 어째서 AI의 역사에 이렇게 때 이른 죽음이 많은지는 모르겠지만 실제로 그렇다.

## 딥러닝

민스키와 페퍼트의 책 때문에 프랭크 로젠블랫의 꿈이 완전히 사라진 것은 아니었다. 선구적인 AI 연구자 제프리 힌턴Geoffrey Hinton은 인공두뇌 구축이라는 로젠블랫의 사명을 계속 이어갔다. 실제로 힌턴은 그 책에서 제기한 문제들을 체계적으로 해결해 나갔다.

제프리 힌턴(정식 이름은 제프리 에버리스트 힌턴Geoffrey Everest Hinton)은 조지 불의 현조손자(증손자의 아들)였다. AI의 짧은 선사시대 이야기에서 불 논리의 발명가로 등장했던 조지 불이란 이름을 기억할 것이다. 불의 논리는 오늘날 컴퓨터에서 사용하는 0과 1의 논리다. 그리고 힌턴의 중간이름은 친척 중 또 다른 역사적 인물인 조지 에버리스트George Everest 경으로부터 따온 것이다. 조지 에버리스트는 인도의 측량 총감이었고, 에베레스트 산의 이름도 그의 이름에서 딴 것이다.

2015년에 나는 조지 불의 탄생 200주년 기념행사에 참석했다. 행사는 그의 모교인 퀸스칼리지 코크(지금의 코크 대학교)에서 열렸다. 제프리 힌턴 역시 불의 다른 후손 몇몇과 함께 그곳에 있었다. 이것만 봐도 가계 유전자의 강력한 힘을 부정할 수는 없었다.

경력을 쌓는 내내 제프리 힌턴은 200년 전 현조 할아버지가 그랬던 것처럼 유행이나 틀에서 벗어나는 것을 두려워하지 않는 독불장군이었다. 그래서 신경망 분야가 인기와는 거리가 멀고, 과학계로부터도 강력한 저항을 받았음에도 불구하고 힌턴은 수십 년 동안 신경

조지 불(왼쪽)과 그의 현조손자 제프리 힌턴

망을 끈질기게 개발했다.

케임브리지 대학교 학부생 시절에 힌턴은 자신에게 맞는 지적 분야를 찾느라 어려움을 겪었다. 그는 자연과학, 예술사, 철학 등 많은 분야를 공부하다가 결국 실험 심리학에 정착했다. 그리고 에든버러 대학교의 인공지능학과에서 대학원 과정을 이어갔다. 당시 에든버러 대학교는 인공지능학과가 개설된 세계 유일의 대학이었다. 그는 1977년에 에든버러 대학교에서 컴퓨터 시각으로 박사학위를 받았다.•

영국에서는 그의 AI 연구 주제에 관심을 보이거나 연구비를 지

---

• 나도 운이 좋아서 힌턴보다 10년 뒤에 같은 학과에서 박사 학위를 받았다.

원하려는 곳이 없어서 힌턴은 미국으로 건너갔다. 캘리포니아 대학교 샌디에이고 캠퍼스에서 잠시 연구하다가 그다음에는 카네기 멜론 대학교로 갔다가 결국 캐나다의 토론토 대학교로 옮겨갔다. 그곳에서 그는 선견지명은 있었지만 거의 알려지지 않은 자금지원 기관으로부터 지원을 받았다. 바로 캐나다 고등연구소Canadian Institute for Advanced Research, CIFAR였다.

앞에서 보았듯이 퍼셉트론을 괴롭힌 첫 번째 문제는 '홀수와 짝수' 같은 간단한 개념도 학습하지 못한다는 것이었다. 힌턴은 중간intermediate, 혹은 숨겨진hidden 뉴런 층을 추가하면 신경망이 '홀수와 짝수'뿐만 아니라 더 복잡한 함수도 학습할 수 있다는 점을 신속하게 보여주었다. 하지만 힌턴은 단순히 하나의 층을 추가하는 데서 멈추지 않고 여러 신경망 층을 이용하는 '심층학습'이라는 개념을 대중화시켰다.

힌턴이 해결해야 할 다음 문제는 이런 학습 방식의 속도였다. 1986년에 힌턴은 데이비드 럼멜하트David Rumelhart, 로널드 J. 윌리엄스Ronald J. Williams와 함께 신경망에서 가중치를 업데이트하는 훨씬 빠른 학습 규칙을 홍보하기 위한 영향력 있는 논문을 썼다. 이 규칙을 '역전파backpropagation'라고 한다. 역전파는 어느 한 사람이 발명한 것이 아니다. 이 용어 자체는 1962년에 로젠블랫이 만들었지만, 그는 이것을 어떻게 구현해야 할지 알지 못했다. 1982년에 역전파를 이용해 신경망을 훈련시킬 것을 제안한 폴 워보스Paul Werbos에게도 일부 공을 돌릴 수 있지만, 그보다 앞서 1970년에 세포 린나인마Seppo Linnainmaa가 있었다. 아서 E. 브라이슨Arthur E. Bryson(1961), 헨리 J. 켈리 Henry J. Kelley(1960), 레프 폰트랴긴Lev Pontryagin(1950년대 말)에게도 공이 돌아가야 한다. 사실 역전파는 본질적으로 우리가 학교에서 배운 미분의 연쇄 법칙을 적용한 것이다. 그리고 미분은 AI의 선사시대에 등장했던 또 한 명의 인물 고트프리트 라이프니츠가 1673년에 발명한 것이다.

역전파는 신경망에서 가중치를 똑똑하게 업데이트할 수 있는 방법이다. 이것은 기울기gradient를 계산한다. 기울기란 입력의 변화에 따른 출력의 변화 속도를 말한다. 기울기가 제일 가파른 사면을 따라가면 산 정상에 더 빠르게 올라갈 수 있듯, 역전파는 기울기를 따라가며 최고의 가중치를 더 신속하게 찾아낸다. 역전파가 있어서 여러 층으로 이루어진 심층신경망에서 가중치를 더 빠르게 학습할 수 있다. 하지만 그렇게 하는 데 필요한 계산은 여전히 부담스러운 수준이었다.

2012년에 힌턴의 박사과정 학생 중 한 명인 알렉스 크리제프스키 Alex Krizhevsky의 우연한 발견 덕에 역전파를 훨씬 효율적으로 수행할 방법이 생겼다. 알렉스는 컴퓨터 게임에서 3D 동영상을 렌더링하는 데 사용하는 그래픽 프로세서인 GPU가 기울기를 계산해서 역전파를 시행하는 데 필요한 행렬 계산에 이상적이라는 것을 깨달았다. 그리하여 힌턴은 아주 심층적인 신경망을 효율적으로 훈련시킬 수 있는 수단을 확보하게 됐다.

이 발견으로 GPU 시장의 80퍼센트를 점유하고 있던 엔비디아의 시가 총액이 순식간에 1조 달러나 불어났다. 분명 엔비디아는 역사상 가장 운이 좋은 회사 중 하나다. 이들은 자신들이 AI 혁명에 꼭 필요한 도구를 팔고 있었음을 우연히 알게 됐다.

## 학습 전략

제프리 힌턴은 역전파가 신경망에 더 나은 학습 알고리즘이라는 사실을 확인했다. 그는 또한 GPU 덕분에 역전파를 수행할 훨씬 효율적인 컴퓨팅 파워도 갖게 됐다. 이 두 가지 요소 덕분에 신경망이 훨씬 더 깊어질 수 있었다. GPU를 통해 계산 부담을 덜고 심층신경망에 역전파를 적용한다는 딥러닝 학습 전략이 거의 완성된 것이다. 이제 딥러닝이 제대로 작동하게 만들기 위한 마지막 세 번째 요소만 있으면 됐다. 이 마지막 요소는 바로 훈련 데이터였다. 그것도 아주 많은 양의 데이터가 필요했다. 딥러닝 같은 머신러닝 방식은 막대한 양의 훈련 데이터가 필요하다. 이상적으로는 수십만, 더 나아가 수백만 개의 예시를 가지고 학습하면 좋다. 인간은 학습하는 데 그렇게 많은 예시가 필요하지 않다. 어쩌면 신경망을 구축하려던 기존의 시도가 좋은 성과를 내지 못한 것은 훈련에 사용할 데이터가 충분하지 않아서였는지도 모른다.

힌턴은 운이 좋았다. 페이페이 리Fei-Fei Li라는 또 다른 AI 연구자도 2006년에 동일한 결론에 도달한 것이다. 그녀도 그 문제를 해결하기 위해 열심히 연구해온 상황이었다. 그녀는 컴퓨터 시각, 특히 객체 인식object recognition에 초점을 맞추고 있었다. 컴퓨터가 이미지 속 객체를 식별할 수 있을까? '저건 사과다.' '저건 바나나다.' '저건 자전거다.' '저건 사람이다.' 객체 인식은 과일 따기에서 자율주행 자동차에 이르기까지 다양한 응용 분야에서 중요한 과제다. 그녀는 컴퓨터 시각 알고리즘을 훈련시키기 위한 대규모 데이터베이스인 이미지넷ImageNet을 구축하기 시작했다.

페이페이 리는 중국 남부의 산업화 도시인 청두에서 자랐고, 15세에 가족과 함께 미국으로 이민을 갔다. 넉넉지 않은 형편이었지만 그녀는 장학금을 받아 프린스턴 대학교에 진학할 수 있었고, 패서디나에 있는 캘리포니아 공과대학교에서 박사 과정을 밟으며 신경과학과 컴퓨터과학의 접점 분야에서 연구를 지속했다. 2007년에는 프린스턴 대학교로 돌아와 조교수로 임용되었다. 이후 스탠퍼드 인공지능 연구소의 소장이 되었고, 스탠퍼드 대학교에서 안식년을 보내는 동안에는 구글 클라우드에서 수석 AI 과학자로 활동했다.

2007년, 페이페이 리는 이미지넷 구축 작업에 착수했다. 그녀는 학생들에게 시간당 10달러를 주고 이미지에 라벨을 붙이게 하며 데이터베이스를 하나하나 채워나갔다. 하지만 이런 진행 방식은 속도

2017년 제네바에서 열린 AI의 선한 영향력을 위한 글로벌 정상회의AI for Good Global Summit에 참가한 페이페이 리

도 느리고 비용도 많이 드는 일이었다. 그러다 한 학생이 아마존 메커니컬 터크라는 크라우드소싱 서비스를 사용할 것을 제안했다. 이제 그녀는 많은 노동자를 고용해서 (다소 논란은 있었지만) 프린스턴 대학교 학생들에게 지급하던 돈의 일부로 작업을 진행할 수 있게 됐다.

2009년에 이미지넷은 300만 장 이상의 이미지를 확보하고 전 세계에 공개됐다. 그 후로 1,400만 장 이상의 규모로 성장했으며, 모든 이미지는 '풍선', '바나나', '배' 등 2만 1,000가지 범주로 유용하게 라벨링됐다. 그리고 전반적인 AI 연구, 그중에서도 특히 이미지넷을 홍보하기 위해 이미지넷 대규모 시각 인식 챌린지ImageNet Large Scale Visual Recognition Challenge라는 연례 대회가 2010년부터 개최되었다. 이 대회는 세계 최고의 시각 인식 알고리즘들을 겨루게 했고, 하계의 집중적인 관심 속에 큰 성공을 거두며 AI 발전을 가속화했다.

2012년 이미지넷 대회에서 제프리 힌턴 그리고 그의 박사과정 학생들인 알렉스 크리제브스키와 일리야 수츠케버Ilya Sutskever가 심층 네트워크로의 역전파, GPU를 이용한 계산, 방대한 훈련용 데이터라는 딥러닝의 세 가지 요소를 처음으로 모두 결합했다. 이들의 단순한 전략은 놀라운 효과를 발휘했다. 실제로 이들의 출품작은 경쟁자들을 완전히 압도했다. 이들이 구축한 8층의 딥러닝 네트워크인 알렉스넷AlexNet은 오차율이 불과 15.3퍼센트여서 2위보다 10.8퍼센트포인트 이상 앞섰다. 이는 대회 역사상 가장 큰 점수 차로 남아 있다.

흥미롭게도 알렉스넷은 최초의 심층신경망도, 최초의 GPU 구동 심층신경망도, 심지어 큰 점수 차이로 대회에서 우승한 최초의 GPU 구동 심층신경망도 아니었다. 얀 르쿤은 이제 메타의 수석 AI 과학자이자 뉴욕 대학교의 교수다. 하지만 일찍이 1995년에 그는 뉴저지 벨 연구소Bell Labs의 일부 동료들과 르넷-5라는 선구적인 7층 신경망을 만들었다. 이것은 NCR 같은 회사에서 1990년대 말과 2000년대 초 사이에 10퍼센트 이상의 미국 은행 수표를 읽는 데 사용됐다. 이것은 미국우편공사에서 손으로 쓴 우편번호를 인식해 편지를 분류하는 용도로 사용되기도 했다. 다양한 연구자들 역시 적어도 2006년 이후로 신경망의 속도를 끌어올리기 위해 GPU를 사용해왔다. 그리고 GPU 구동 심층신경망인 위르겐 슈미트후버Jürgen Schmidhuber의 단넷DanNet은 이미 2011년과 2012년에 연속으로 컴퓨터 시각 대회에서 4회 우승을 차지했고, 일부 경우도 인상적인 점수 차이로 승리했다.

하지만 딥러닝을 위한 세 가지 요소를 모두 결합해서 전 세계 AI 연구자들의 관심을 사로잡은 것은 바로 알렉스넷이었다. 그야말로 딥러닝 혁명의 시작을 마치 폭발하듯 떠들썩하게 알린 사건이었다. 그리고 이 폭발음의 잔향은 오픈AI의 챗GPT와 구글의 제미나이 같은 AI 시스템에서 아직도 메아리로 울리고 있다.

2012년 북반구의 가을에 힌턴, 크리제브스키, 수츠케버는 심층신경망 연구를 위한 그들의 전략을 활용하기 위해 DNN리서치라는 스타트업을 설립했다. 그리고 불과 몇 달 후인 2012년 12월에 힌턴은 타호 호수에 있는 해러스 앤 하비스 카지노Harrah's and Harvey's Casino에서 열린 신경망 연구 주요 컨퍼런스에서 이 기업을 팔기로 결심했다. 그는 DNN리서치 경매 자리를 마련하고 구글, 마이크로소프트, 바이두, 딥마인드(아직 구글에 팔리지 않았을 때)를 초대해 입찰을 붙였다. 구글이 4,400만 달러를 제시하자 힌턴은 경매를 마감했다. 분명 더 받을 수도 있었지만 그가 느끼기에 직원이 겨우 창립자 세 명에 불과하고, 아직 출시한 제품도 없고, 특허도 여섯 개밖에 없는 회사에게는 이 정도 가격이 공정하다고 느꼈다.

인수 계획의 일환으로 힌턴, 크리제브스키, 수츠케버는 모두 구글에서 일하게 됐다. 그리고 3년 후인 2015년 12월에 수츠케버는 구글을 떠나 오픈AI를 공동 창립하고 그곳의 수석 과학자가 됐다. 오픈

AI는 AI의 최근 역사에서 큰 역할을 한 만큼 뒤에서 곧 다시 살펴보겠다. 크리제브스키 역시 2017년 9월에 딥러닝 스타트업 기업에서 일하기 위해 구글을 떠났다. 이 스타트업은 2020년에 스퀘어에 인수됐다. 반면 힌턴은 2023년에 은퇴할 때까지 구글에 남아 있었다.

## 트랜스포머

챗GPT 같은 챗봇의 탄생과 구글, 메타, 오픈AI 같은 회사들이 이끄는 AI 최신 기술에 도달하기까지 아직도 두 가지 중요한 요소가 더 필요하다. 첫 번째 요소는 'GPT'에 들어 있는 'T'다. 이것은 트랜스포머transformer를 뜻한다. 트랜스포머란 신경망의 뉴런들을 연결하는 특별한 구조로, 뉴런들의 연결과 배치에 관한 일종의 배선도라고 생각하면 된다. 트랜스포머는 특히 순차 데이터sequential data 처리에 탁월하다. 순차 데이터란 텍스트처럼 순서대로 나열되어 있으며, 그 순서가 중요한 데이터를 말한다. 이처럼 순서가 중요한 데이터에는 텍스트 외에도 기상 자료, 주식 가격, 단백질 서열, 음악, 음성 등 유용한 자료들이 포함된다.

2012년의 알렉스넷으로 돌아가 보자. 이것은 이미지를 처리하기 위해 설계된 컴퓨터 시각 시스템이었다. 이미지는 순차적이거나 1차원적이지 않고, 2차원적이다. 2차원성은 이미지를 처리할 때 중요하게 고려해야 할 부분이다. 예를 들어 이미지를 왼쪽이나 오른쪽, 위나 아래로 움직이더라도 이미지는 본질적으로 변하지 않는다. 왼쪽으로 2픽셀, 아래로 3픽셀 이동시켜도 바나나는 여전히 바나나다.

이미지의 2차원성을 활용하기 위해 알렉스넷 같은 신경망은 합성곱 신경망convolutional neural network이라는 특별한 구조를 사용한다. 이 구조는 이동한 이미지를 신경망이 다룰 수 있게 해준다. 특히 합성곱 신경망은 특정 픽셀이 아니라 픽셀에 생긴 변화를 찾는다. 이것은 2차원 이미지를 처리하는 데 굉장히 효과적이지만 2차원이 아닌 텍스트 같은 데이터를 처리하는 데는 신통치 않다. 텍스트는 단어가 1차원적으로 배열되어 있기 때문이다. 사실 텍스트에서는 우리의 관심 대상들이 서로 멀리 떨어져 있을 수 있다. 그리고 국소적인 변화는 별로 중요하지 않을 수도 있다. 다음과 같은 문장을 생각해보자.

> Alice knew that her work contained errors but she wasn't going to point them out.
>
> 앨리스는 자신의 연구에 오류들이 있다는 것을 알았다. 하지만 그녀는 그것들을 지적할 생각은 없었다.

여기서 대명사 'them(그것들)'은 'errors(오류들)'이라는 명사를 지칭하는 반면, 대명사 'she(그녀)'는 'Alice(앨리스)'라는 명사를 지칭한다. 양쪽 대명사 모두 자신이 지칭하는 명사와 멀리 떨어져 있다. 여기서 트랜스포머 구조가 중요한 역할을 담당한다. 어텐션attention이라는 메커니즘을 사용하여, 신경망이 장거리 의존성을 파악할 수 있도록 해준다.

과제가 다르면 신경 구조도 달라져야 한다는 사실에 놀라서는 안 된다. 우리는 이미 뇌를 통해 이 사실을 알고 있었다. 말과 언어는 전두엽과 측두엽에서 처리되는 반면, 시각은 시각겉질visual cortex에서 처리된다. 이들 뇌 영역은 각각 서로 다른 신경 구조를 가지고 있다.

트랜스포머 구조는 2017년에 구글 리서치의 한 팀이 '당신에게 필요한 것은 어텐션뿐Attention Is All You Need'이라는 유명한 논문에서 처음 제안했다.[4] 이 논문은 10만 회 이상 인용되면서 하나의 고전으로 자리 잡았다. 이것은 과학 문헌 전체에서 네 번째로 많이 인용된 논문이다. 트랜스포머는 이제 구글 번역에서 오픈AI의 챗봇인 챗GPT, 줌zoom의 음성 텍스트 변환 서비스, 심지어 디스크립트Descript의 음성 복제 소프트웨어에 이르기까지, 순차적 1차원 데이터를 처리하는 다양한 AI 시스템에 사용되고 있다. 트랜스포머는 최근에 일어난 AI 붐의 주요 원인 중 하나다. 놀랍게도, 구글은 2017년 논문을 통해 트랜스포머 구조라는 개념을 공개하며, 누구나 자유롭게 사용할 수 있도록 했다.

트랜스포머 구조에 대해 구글 리서치 연구진이 쓴 유명한 논문 제목은 그룹 비틀스의 히트곡 〈당신에게 필요한 것은 사랑뿐All You Need Is Love〉을 장난스럽게 살짝 변형한 것이다. 이 노래도 꽤 역사적인 곡이라 할 수 있다. 1967년 6월 25일에 열린 최초의 글로벌 라이브 텔레비전 쇼를 위해 작곡한 것이기 때문이다. 이 쇼는 위성을 통해 사랑의 메시지를 전 세계 25개국 4억 명 이상의 시청자에게 전달되었다. 레논이 손으로 직접 쓴 가사 필사본은 2005년에 열린 경매에서 125만 달러에 낙찰되었다.

이름이 암시하듯 트랜스포머는 변환transform을 한다. 복잡한 입력을 복잡한 출력으로 바꾸어 놓는다. 예를 들면 다음과 같은 변환을 할 수 있다.

· 구글 번역처럼, 한 언어로 된 단어 시퀀스를 또 다른 언어로 된 단어 시퀀스로 변환
· DALL-E처럼, 단어 시퀀스를 그림으로 변환
· 챗GPT처럼, 질문에 해당하는 단어 시퀀스를 해답에 해당하는 단어 시퀀스로 변환
· 줌의 음성-텍스트 변환 도구처럼, 음성 시퀀스를 단어 시퀀스로 변환

트랜스포머는 네 개 부분으로 이루어져 있다. 입력 데이터가 네

개 부분을 차례로 거치며 각 단계마다 다른 형태로 변환된다. 우선 첫 출발은 입력이다. 단어 시퀀스를 입력해본다고 하자. 첫 번째 변환은 이 단어 시퀀스를 컴퓨터가 처리할 수 있는 대상, 즉 숫자 시퀀스로 변환하는 것이다. 이 단계를 토큰화tokenisation라고 한다. 영어 단어는 100만 개가 넘기 때문에 각 단어마다 별도의 숫자를 지정하는 것은 엄두를 내기 힘들다. 그래서 토큰화 단계에서 자주 쓰이는 단어는 하나의 고유한 숫자 즉 토큰으로 대체하고, 더 복잡한 단어는 여러 부분으로 쪼갠 후에 각 부분을 토큰으로 표시한다. 일반적인 트랜스포머는 5만 개에서 20만 개의 서로 다른 토큰을 사용한다.

다음과 같은 문장을 생각해보자. "The secret of success is to do the common thing uncommonly well." 이것은 다음과 같은 단어와 단어 부분으로 분해된다. "the", "secret", "of", "success", "is", "to", "do", "the", "common", "thing", "un", "commonly", "well." 여기에서 눈여겨볼 것은 'uncommonly'라는 덜 쓰이는 단어를 더 자주 쓰이는 두 개의 부분인 'un(부정을 뜻하는 접두어)'과 'commonly'로 쪼갰다는 점이다. 이렇게 쪼갠 각각의 단어와 단어 부분을 숫자로 대체하면 다음과 같은 토큰 시퀀스를 얻는다. 24782, 14939, 38567, 4368, 48251, 28573, 36529, 45547, 7243, 13900, 33811, 19973, 49084. 이런 숫자 시퀀스는 신경망이 쉽게 다룰 수 있는 형태다.

## 단어 벡터

트랜스포머는 토큰화 단계에서 텍스트를 숫자 시퀀스로 변환해 놓는다. 이렇게 숫자로 변환하면 컴퓨터가 쉽게 처리할 수 있다는 면에서 매우 유리하다. 그러나 텍스트를 숫자 시퀀스로 변환하는 과정에서 무언가가 손실된다. 단어들 간에 존재하는 복잡한 의미 관계가 사라져버리는 것이다. 예를 들어 'queen(여왕)'이라는 단어는 의미상 단어 'king(왕)'과 가깝다. 'queen'은 'queen bee(여왕벌)'에서 보듯이 'bee(벌)'와도 의미상 가깝다. 그러나 'beetle(딱정벌레)'이라는 단어는 'bee'와는 가깝지만 'queen'과는 그다지 가깝지 않다. 언어를 처리하는 인공지능을 구축할 때는 이것이 골칫거리가 된다. 단어 'queen'의 토큰 숫자를 'bee'의 토큰 숫자에 가깝게 만들고 'bee'의 토큰 숫자를 'beetle'의 토큰 숫자에 가깝게 하면서도, 동시에 'queen'과 'beetle'의 토큰 숫자는 멀리 떨어지도록 설정할 수 있는 방법이 산술적으로 불가능하기 때문이다.

이 문제를 해결하려면 숫자를 덜 1차원적인 대상으로 변환해야 한다. 그래서 트랜스포머의 2단계에서는 이 토큰들을 벡터vector라는 좀 더 복잡한 표현으로 매핑한다. 벡터를 사용하면 복잡한 관계를 담아낼 수 있다. 숫자 하나는 1차원 선 위의 점 하나를 나타내는 빈면, 벡터는 한마디로 다차원 공간 위의 점 하나를 나타낸다. 여기서 다차원이란, 우리가 흔히 머릿속에 떠올리는 2차원이나 3차원의 공간을 말하는 것이 아니다. 수백, 심지어 수천 차원의 벡터를 얘기하는 것이다. 3차원 이상의 차원을 상상하기는 쉽지 않다. 제프리 힌턴은 14차원을 상상하려면 3차원을 상상한 다음 반복해서 '14'라고 크게 외치라고 충고한다. 미안하지만 나도 이보다 나은 방법은 모르겠다.

토큰을 숫자의 벡터로 변환하는 단계를 인코딩encoding이라고 한다. 단어를 숫자의 벡터로 변환함으로써 단어 사이의 복잡한 관계를 담아낼 수 있다. 3차원에서 예시를 들어보겠다. 하지만 각 단어 사이의 훨씬 더 복잡한 관계를 담아내기 위해 수백, 심지어 수천 차원의 벡터도 사용할 수 있음을 기억하자.

'queen'이라는 단어를 [0.5, 0.3, -0.2]라는 벡터로 변환했다고 해보자. 그리고 'king'은 [0.7, 0.5, -0.4]라는 벡터로 변환했다. 'man'은 벡터 [0.6, 0.4, -0.3]로, 'woman'은 벡터 [0.4, 0.2, -0.1]로 변환한다. 'queen'의 벡터인 [0.5, 0.3, -0.2]를 가져다가 'woman'의 벡터를 각 구성 요소별로 제외해보자. 그럼 [0.5, 0.3, -0.2] - [0.4, 0.2, -0.1] = [0.1, 0.1, -0.1]이 나온다. 이 벡터에 'man'을 구성 요소별로 더하면 [0.1, 0.1, -0.1] + [0.6, 0.4, -0.3] = [0.7, 0.5, -0.4]가 나온다. 이것이 'king'에 해당하는 벡터라는 점이 흥미롭다. 이로써 우리는 다차원 벡터 공간에서 단어들 사이에 다음과 같은 수학적 관계가 성립함을 알아냈다.

King = Queen + (man - woman)

이런 인코딩은 자체적으로 문제를 일으킬 수 있다. 예를 들어 인코딩을 통해 다음과 같은 성차별적 벡터 방정식을 만들 수 있음이 밝혀졌다.

- computer programmer(컴퓨터 프로그래머) + (woman - man)
  = homemaker(전업주부)
- architect(건축가) + (woman - man) = hairdresser(미용사)

인코더가 학습한 텍스트에 내재되어 있는 성차별적 편향이 반영된 결과다.[5] 이것은 분명 바람직하지 못하다. 우리가 노력을 더 많이 기울이면 단어 벡터 속에 들어 있는 성차별이나 우리가 원치 않는 다른 편향도 수정할 수 있다.

정리하면, 첫 번째 단계는 단어를 토큰 시퀀스로 변환하는 토큰화 과정이다. 두 번째 단계는 토큰 시퀀스를 단어 벡터 시퀀스로 변환하는 인코딩이다. 트랜스포머의 세 번째 단계에서는 훨씬 마법 같은 일이 일어난다. 지금까지는 트랜스포머가 단어를 고차원 공간의 벡터로 매핑함으로써 의미를 담아내려 했다. 하지만 단어들이 본문 안에서 맺는 연결 관계는 고려하지 않았었다. 세 번째 단계에서는 트랜스포머가 단어들 사이의 관계를 밝혀낸다. 예시 문장을 다시 살펴보자.

> Alice knew that her work contained errors but she wasn't going to point them out.
> 앨리스는 자신의 연구에 오류들이 있다는 것을 알았다. 하지만 그녀는 그것들을 지적할 생각은 없었다.

인코딩 후에 완성된 'she'와 'them'의 벡터는 문맥이 반영되지 않은 일반 명칭이다. 인코딩이 이루어진 후에 'she'와 'them'의 벡터는 문맥을 반영하지 않는 일반적인 벡터로 표현된다. 즉 어떤 문장에 나오든 맥락과 관계없이 동일한 벡터로 나타난다. 세 번째 단계에서는 어텐션 메커니즘attention mechanism으로 벡터를 수정해서 'she'의 벡터가 'Alice'의 벡터와 가까워지고, 'them'의 벡터가 'errors'의 벡터와 가까워지게 만든다. 이렇게 함으로써 대명사가 어느 대상을 지시하는지 식별할 수 있다.

이 단계에서 동철이의어(homonym, 철자는 같지만 의미가 다른 단어)와 다의어(polysemy, 여러 가지 뜻을 가진 단어)의 문제도 해결된다. 즉 'bank'라면 강둑river bank이란 의미일까, 은행money bank이란 의미일까? 그리고 'dish'라고 하면 식사meal라는 의미일까, 접시plate라는 의미일까?

마지막 네 번째 단계는 디코딩decoding이다. 이 단계에서는 벡터를 다시 토큰으로 변환한다. 디코더가 단순히 인코더를 역으로 수행한다면 또 다른 영어 문장을 얻게 된다. 디코더가 러시아어용이라면 영어 문장의 러시아 번역문을 얻을 수 있다.

이처럼 트랜스포머를 활용해서 구축한 인공지능 시스템 중 가장 널리 사용되는 것 중 하나가 BERT(버트)다. BERT는 2018년 10월에 구글 연구자들이 제안했고, 그로부터 1년 후에 구글은 미국에서 영어 검색에 답변할 때 BERT 모델을 이용하기 시작했다고 발표했다. 지금은 70개 이상의 언어로 된 검색을 구글의 BERT 모델을 통해 처리하고 있다. 그 후로 BERT처럼 트랜스포머를 이용해 단어 벡터를 변환하는 다양한 인공지능 모델들이 개발되었고 어린이 방송 프로그램인 〈세서미 스트리트〉의 등장인물 이름을 따서 명명됐다(BERT도 〈세서미 스트리트〉의 등장인물 이름이다-옮긴이). 예를 들어 바이두Baidu의 챗봇은 ERNIE(어니)다. 앨런 AIAllen AI는 ELMo(엘모)라는 인코더를 만들었다. 그리고 트랜스포머 기반의 가짜뉴스 탐지기 GROVER(그로버)도 있다.

이런 이름도 재미있지만, 더 재미있는 점은 단어를 나타내는 숫자의 벡터를 변환하는 신경망으로 언어의 많은 부분을 환원할 수 있다는 것이다. 언어를 이해하기 위해 '당신에게 필요한 것은 숫자 벡터 변환 뿐'이라니, 누가 감히 상상이나 했겠는가.

## 범용기술

〈세서미 스트리트〉의 캐릭터들이 등장하게 된 사연을 알아보았으니 이제는 오픈AI를 소개할 시간이다. 이 회사는 마지막 두 가지 아이디어, 즉 트랜스포머와 BERT 같은 시스템을 받아들여 공격적으로 밀어붙였다. 그 결과, AI 시스템의 능력이 크게 도약했다.

오픈AI는 2015년 12월에 비영리단체로 설립됐다. 창립자로는 테슬라의 CEO인 일론 머스크(그 후로 머스크는 회사를 떠나 경쟁업체인 xAI를 설립했다), 현재는 오픈AI CEO인 샘 올트먼Sam Altman, 현 회장인 그렉 브로크만Greg Brockman, 최고의 과학자로 훗날 회사를 떠나 세이프 슈퍼인텔리전스Safe Superintelligence를 설립한 일리야 수츠케버 등이 있다.

오픈AI의, 카리스마 있고 논란도 많은 CEO 샘 올트먼의 2019년 모습

오픈AI에게는 야심 찬 사명이 있었다. "금융 이득을 얻어야 한다는 필요에 얽매이지 않고 인류 전체에게 가장 도움이 될 방식으로 디지털 지능을 발전시키는 것"이었다. 예전에 머스크는 거대한 테크 기업들이 AI 발전이 가져올 이득을 독차지할지 모른다는 두려움을 드러낸 적이 있다. 그는 오픈AI가 이것을 막을 수 있다는 희망을 갖고 있었다.

오픈AI의 창립팀은 그야말로 드림팀이었다. 수츠케버는 AI 분야 최고의 기술력으로 회사의 기술적 토대를 마련했다. 그리고 올트먼은 이것을 보완할 수 있는 최고의 선택이었다. 그는 실리콘밸리에서 가장 중요한 스타트업 육성 기관인 와이콤비네이터Y Combinator를 이끌었던 인물로, 스타트업 기업 확장의 전문가였다. 그리고 뒤에서 보겠지만 확장이야말로 AI 분야에서 그 무엇보다 필요한 것이었다.

처음 설립되었을 때는 머스크가 오픈AI의 최대 후원자였다. 그는 초기 자금 약 1억 3,000만 달러 중 5,000만~1억 달러 정도를 투자했다. 리드 호프만Reid Hoffman, 피터 틸Peter Thiel, 그리고 실리콘밸리의 다른 유명한 후원자들도 오픈AI에 10억 달러 넘는 자금을 약속했지만, 이 약속이 실행되었는지는 불분명하다.

사업 확장은 곧 초기 자금을 갉아먹기 시작했다. 1억 달러면 직원이 몇 백 명에 불과한 스타트업 회사치고는 적지 않은 돈이시만 오픈AI의 목표를 달성하는 데는 충분치 않다는 점이 분명해졌다. 그래서 2019년 3월에 오픈AI는 영리/비영리 단체의 이중 구조로 전환했고, 현재 가치로 미화 130억 달러가 넘는 투자를 마이크로소프트로부터 유치했다.

초기 몇 년 동안 오픈AI는 연구진의 뛰어난 역량과 야심 찬 설립 목표에 걸맞는 성과를 내는 데 어려움을 겪었다. 오픈AI는 초기에 다음 장의 주제인 강화학습reinforcement learning에 집중했다. 당연한 선택이었다. 다른 회사들도 지난 몇 년간 강화학습 덕분에 성공을 누리고 있었다. 그리고 실제로 오픈AI가 거둔 첫 돌파구 역시 강화학습을 사용해 멀티플레이어 비디오 게임인 도타 2에서 세계 챔피언을 이긴 것이었다. 매우 인기 있고 복잡한 이 게임은 상금 총액이 4,000만 달러에 이를 정도로 큰 규모를 자랑한다.

초기의 이런 성공에도 불구하고 오픈AI는 자신들보다 5년 먼저인 2010년에 시작하여 줄곧 강화학습 분야를 개척해온 딥마인드의 그늘을 벗어나지 못하고 있었다. (강화학습과 딥마인드는 다음 장에서 만나보겠다.) 오픈AI는 로봇공학 같은 다른 분야에도 투자해봤지만 실패로 끝났고 결국 2021년에 로봇공학 연구팀을 조용히 해체하게 된다.

2018년, 상황이 완전히 달라지면서 오픈AI가 대성공을 거두었다. 연구팀은 구글에서 개발한 트랜스포머에 대한 아이디어와 BERT 같은 시스템을 가져와서 GPT 계열의 대형언어모델large language model로 공격적으로 확장했다. 대형언어모델은 방대한 양의 텍스트로 훈련시킨 신경망을 말한다. 훨씬 더 많은 데이터와 계산을 이용함으로써 그들은 놀라운 능력을 갖춘 신경모델을 구축할 수 있었다.

토론토 도서 말뭉치는 인터넷에서 수집한 데이터세트로, AI 모델 훈련에 사용되었는데도 저작권 소유자들이 공개적으로 불만을 제기하지 않은 몇 안 되는 사례 중 하나다. 하지만 자비출판 저자는 상당히 특수한 집단에 해당한다. 다른 많은 저자들은 자신의 작품이 동의나 보상 없이 사용된 것에 대해 목소리 높여 불만을 표출해 왔다. 나도 그중 한 사람이다. 내 책들이 GPT-3의 훈련용 세트에 포함되어 있었기 때문이다. 오픈AI나 다른 기술 기업에서 내 책 같은 논픽션 서적을 이용해서 자신의 대형언어모델을 훈련시키는 데는 이유가 있다. 챗봇이 인공지능에서 동물학에 이르까지 모든 질문에 대답할 수 있으려면 인공지능에서 동물학까지 모든 분야를 최신 콘텐츠로 훈련시켜야 하기 때문이다.

물론 공격적 확장은 위험한 도박이었고 지금까지 오픈AI는 대형언어모델 훈련비에 1억 달러 이상의 자금을 투자했다. 하지만 이 도박은 1,000배의 가치로 돌아왔다. 오픈AI의 기업 가치는 이제 1,000억여 달러에 이른다.

오픈AI에서 개발한 GPT 계열의 첫 번째 대형언어모델은 2018년 6월에 출시된 GPT-1이다. 이 신경망은 1,700만 개의 가중치(혹은 매개변수)를 가진 인상적인 모델이었다. 당시에는 이 정도면 대형모델이었지만 지금의 기준으로 보면 작게 여겨질 것이다. GPT-1은 인터넷에서 긁어온 자비출판 도서 약 7,000권의 텍스트가 담긴 토론토 도서 말뭉치(Toronto Book Corpus, 언어 연구나 자연어 처리에 활용하기 위해 컴퓨터가 읽을 수 있는 형태로 텍스트를 모아놓은 언어 자료-옮긴이)를 바탕으로 훈련을 받았다. GPT-1의 성능은 어느 정도 제한이 있었지만, 구글이 만든 모델보다 더 큰 모델을 구축하면 새로운 가능성이 열린다는 것을 보여주었다.

이 유망한 결과에 영감을 받은 오픈AI는 더 크게 나아가기로 결심했다. GPT 계열의 두 번째 모델인 GPT-2는 2019년 2월에 출시됐다. 이것은 GPT-1보다 두 자릿수 더 큰 규모로, 매개변수가 15억 개나 됐다. 이것은 800만 개의 웹페이지 데이터세트를 바탕으로 훈련받았다. 이 역시 GPT-1에서 사용한 데이터세트보다 한 자릿수 큰 규모다. GPT-2는 GPT-1보다 훨씬 뛰어난 성능을 보여주었다.

이 시점에서 오픈AI의 전략은 확장이 전부였다. 이들이 세 번째로 내놓은 모델인 GPT-3는 2020년 6월에 출시되었다. 이것은 GPT-2보다 규모가 두 자릿수 더 커서 매개변수가 1,750억 개였고, 인터넷에서 긁어모은 5,000억 개 이상의 토큰을 바탕으로 훈련을 받았다. 훈련용 데이터에는 위키피디아, 레딧Reddit, 그리고 저작권이 있는 수천 권의 책 내용이 포함되어 있었다. 데이터세트는 약 45테라바이트로, GPT-2의 훈련에 사용한 것보다 500배 컸다. GPT-3를 훈련시키는 데는 약 500만 달러가 들었다. GPT-3의 성능은 이 분야의 많은 사람들을 흥분시켰다.

오픈AI의 네 번째 모델인 GPT-4는 2023년 3월에 출시됐다. 상업적인 이유로 오픈AI 측에서 구체적으로 밝히지 않아 이 모델의 크기는 정확히 알 수 없다. 실제로 요즈음 오픈AI에서 '오픈'되어 있는 것은 그 이름밖에 없다. GPT-4는 약 1조 7,060억 개의 매개변수를 가지고, 대략 13조 개의 토큰을 바탕으로 훈련되었을 것이라 추정한다. 한 인터뷰에서 올트먼은 GPT-4의 훈련 비용이 1억 달러가 넘었다고 주장했다.

GPT 모델의 크기가 점점 커짐에 따라 성능도 지속적으로 향상되었다. AI에서 이런 일은 흔치 않다. 조합적 병목현상combinatorial bottleneck(문제의 규모가 커질수록 가능한 조합의 수가 기하급수적으로 증가하여 계산이나 처리가 어려워지는 현상-옮긴이)에 막혀, 규모를 확장하면 문제가 해결되기는커녕 오히려 악화되곤 한다. 문장 유사성sentence similarity, 감성 분석sentiment analysis, 질문 답변question answering 같은 다양한 언어 과제를 포함하는 일반적인 언어 이해 평가(General Language Understanding Evaluation, GLUE 벤치마크)에서 GPT-1은 70퍼센트를 기록했다. 오픈AI는 모델의 규모를 키웠고, 이 전략이 적중했다. GPT-2는 80퍼센트를 기록했고, 뒤이어 GPT-3는 89퍼센트라는 놀라운 점수를 기록했다. 더욱 인상적이었던 부분은 규모가 더 큰 GPT 모델은 텍스트 요약, 컴퓨터 코드 작성, 언어 간 번역 등 명시적으로 훈련받지 않은 과제까지 수행할 수 있었다는 점이다.

GPT는 생성형 사전훈련 트랜스포머를 뜻하는 Generative Pre-trained Transformer의 약자다. 투박한 이름이다. '생성형Generative'은 이 모델이 텍스트를 생성할 수 있다는 의미다. '사전훈련Pre-trained'이란 이 모델이 훈련용 데이터에서 특성을 발견하는 것 말고는 다른 특별한 목표를 염두에 두지 않으며 사전에 미리 훈련되었다는 의미다. 이 경우 모델은 언어를 일반적으로 이해한 다음에 질문 답변, 텍스트 번역, 문장 완성 등의 구체적인 과제에 맞추어 미세 조정된다. 그리고 '트랜스포머'란 이 모델이 트랜스포머 구조를 가지고 있어서 붙은 이름이다.

나는 오픈AI가 GPT라는 이름을 붙인 데에는, 자신들이 범용기술general-purpose technology을 구축하고 있다는 점을 환기시키려는 의도도 있다고 생각한다. '범용 기술'은 경제학 전문 용어로, 경제 전체에 영향을 미치며 금융과 사회 전반에 걸쳐 광범위한 변화를 일으키는 기술을 뜻한다. 증기기관이나 전기 같은 기술을 떠올리면 될 것이다. 그래서 'GPT'라는 말을 들으면 오픈AI가 범용 인공지능artificial general intelligence, AGI을 추구하고 있다는 생각이 머릿속에 떠올라야 맞다. AGI는 모든 측면에서 인간의 지능에 필적하는 인공지능이다. 그리고 오픈AI 안팎의 많은 연구자는 그냥 더 큰 GPT 모델로 확장하기만 하면 AGI가 달성될 것이라 믿고 있다. 그게 GPT-5가 될지 GPT-15가 될지는 불분명하지만, 어느 쪽이 되었든 이런 생각이 틀렸을지도 모르는 이유에 대해서는 뒤에서 곧 언급하겠다.

2022년 11월 오픈AI는 GPT 계열의 모델에 기반하여 챗GPT라는 챗봇을 개발하는 절묘한 수를 두었다. 'GPT와의 채팅Chatting with GPT'을 의미하는 챗GPT는 당시 최고의 GPT 모델이었던 GPT-3를 미세 조정해서 사용자의 질문에 대답하게 만든 것이다. GPT-3가 AI 연구계의 관심을 사로잡았다면 챗GPT는 세상의 상상력을 사로잡았다.

챗GPT는 역대 가장 빠르게 성장한 앱이 되었다. 출시 첫 주에 사용자 수가 100만 명을 돌파했고, 두 달 만에 1억 명에 도달했다. 그리고 출시 1년 후에는 마이크로소프트의 빙Bing 검색, 왓츠앱WhatsApp, 스카이프Skype, 스냅챗Snapchat 등을 통해서도 챗GPT를 사용할 수 있게 되면서 10억 명 이상이 활용할 수 있게 됐다.

경제적으로도 챗GPT는 엄청난 성공이었다. 오픈AI의 기업 가치는 100배 증가하여 약 1,000억 달러에 이르렀다. 이제 이 회사는 10억 달러 이상의 연매출을 올리고 있다. 자본주의 역사상 이렇게 빠른 속도로 부가 창출된 경우는 없었다. 심지어 투자자의 투자 수익을 100배로 제한하는 특이한 상한제 영리 구조를 가지고 있어도 이 회사의 경제적 성공을 막을 수는 없었다.

챗GPT를 구축하기 위해 오픈AI는 GPT 모델을 미세 조정하는 새로운 유형의 강화학습을 개발했다. 그 결과 사용자가 요청하는 것은 무엇이든 수행하려는 데 초점을 맞추는 언어모델이 만들어졌다. 바로 이 마지막 요소가 대중의 관심에 불을 지핀 신경망을 탄생시킨 것이다.

이 책의 앞부분에서 이미 챗GPT의 작동 사례를 몇 가지 소개했지만, 그 놀라운 능력을 보여주는 사례를 몇 가지 더 들어보겠다.

· 나

AI의 역사에 대해 윌리엄 셰익스피어의 문체로 소네트를 하나 써줘.

· 챗GPT

그 옛날 경이로 가득한 마음이 북적이던 때

생각으로부터 기계라는 존재를 빚어내기 위해

AI의 여섯 씨앗이 어둠 속에 별처럼 빛났고

그 탄생은 보이지 않는 지성의 이야기였네

고대의 꿈에서 현대 실리콘의 등장에 이르기까지

신화와 탐구 속에서 AI가 뿌리를 내렸고

기호의 시대를 거치며 마음이 고안해내니

알려진 회로 속의 수학자였네

따röl 규칙과 함께 전문가 시스템이 자랐으나

사람의 눈에는 보이지 않는 한계가 다가오고

학습의 시대가 동이 트며 파란 하늘이 열리니

감히 날아오르려 한 인공의 두뇌가 있도다

이제 미래를 바라보며 서 있음에

AI가 가져올 경이로움과 위험은 대체 무엇이던가

· 나: AI가 만들어갈 미래에 대해 한 문단 작성해줘.

· **챗GPT**: AI가 만들어갈 미래 시대에, 21세기는 인공지능이 한계를 넘어 인간 존재의 모든 측면을 재구성한 시대로 기억될 것입니다. 딥러닝과 신경망 구조를 통해 찾아낸 돌파구가 AI 응용 분야의 폭발적 증가를 촉진하면서 의료 보건부터 금융, 교통, 연예 분야에 이르기까지 다양한 산업을 혁신했습니다. AI가 일상생활과 점점 더 통합됨에 따라 사회는 개인정보 보호, 편견, 일자리 대체와 같은 윤리적 딜레마와 씨름하게 되었고, 그 결과 AI의 책임 있는 개발을 위한 국제적 규제와 지침을 제정해야 한다는 목소리가 높아졌습니다. 이런 어려움에도 불구하고 AI를 통해 인간의 능력을 강화하고 혁신을 이끌어내며, 전 세계적으로 시급한 과제를 해결할 수 있는 강력한 추진력을 얻을 가능성 또한 여전하다는 평가를 받고 있습니다. 이렇듯 AI는 인간과 기계가 협력하여 새로운 지식과 가능성의 지평을 함께 열어나가는 미래로 인류를 이끌었습니다.

대단히 인상적이지 않은가? 하지만 어떻게 이런 마법을 부리는 것일까?

챗GPT를 뒷받침하는 전체 아이디어는 간단하다. 이것은 스마트폰의 자동완성 기능과 비슷하되 그보다 훨씬 강력한 버전이다. 자동완성 기능의 경우 스마트폰은 단어와 그 사용 빈도를 담은 사전을 가지고 있다. 'APP'이라는 글자를 타이핑하면 자동완성 기능은 그 단어를 완성할 가능성이 제일 높은 단어가 'APPLE'이라고 알려준다. 챗GPT는 이것을 한 단계 더 확장한 것이다. 이것은 단어 사전 대신 막대한 양의 웹을 바탕으로 훈련받았다. 이런 확장성 덕분에 챗GPT는 그냥 단어만이 아니라 문장, 더 나아가 단락이나 페이지를 완성할 수 있게 된 것이다.

챗GPT 같은 대형언어모델을 이렇게 강력한 버전의 자동완성 기능으로 묘사하고 나면 그 근본적인 한계가 드러난다. 이런 모델은 본질적으로 통계적이다. 이런 모델은 당신이나 나처럼 언어를 이해하고 있는 것이 아니다. 이들에게는 세상을 인식하는 근본 모델이 존재하지 않는다.

대형언어모델은 진실인 것을 말하는 게 아니라 가능성 높은 것을 말하기 때문에 추론할 때 가장 큰 어려움을 겪는다. 그래서 그 한계를 보여주는 일은 어렵지 않다. 그리고 이런 한계는 단지 점점 더 큰 모델로 확장한다고 해서 사라질 것 같지 않다. 우리에게는 추가적인 마법이 필요할 것이다.

- **나:** 네가 하는 모든 말을 단일 모음만 포함하는 단어만 써서 말해.

- **챗GPT:** 물론입니다! 좀 까다로워 보이지만 최선을 다하겠습니다. 질문을 해 보세요!

    Sure thing! This might get tricky, but I'll do my best. Ask away!

- **나:** 하지만 'away'에는 모음이 두 개 들어 있잖아.

· **챗GPT:** 맞습니다! 다시 해보겠습니다. 자유롭게 물어보세요!

You're right! Let me try again. Feel free to ask!

· **나:** 'again', 'feel', 'free' 모두 모음이 두 개씩 있어.

· **챗GPT:** 알겠습니다. 모음 하나짜리만 쓰겠습니다. 이제 무엇을 할까요?

Got it. I'll stick to single vowels. What's up?

· **나:** 하지만 'vowel'은 모음이 두 개야.

· **챗GPT:** 사실입니다! 지금부터는 단일 모음만 쓰겠습니다. 다음은 뭔가요?

True! I'll just stick to one vowel from now on. What's next?

챗GPT 같은 대형언어모델의 또 다른 주요한 한계 중 하나는 말을 지어낸다는 것이다. AI 분야에서 일하는 사람들은 이것을 '환각hallucination'이라 부르지만 이런 단어 선택은 오해의 소지가 있다. 환각이라는 말은 모델이 실제로 진실을 알고 있음을 암시한다. 하지만 모델은 무엇이 진실이고 거짓인지 전혀 모른다. 그저 가능성 있는 것을 말할 뿐이다. 놀라운 점은 가능성 높은 것이 참인 경우가 정말 많다는 점이다.

환각이라는 현상은 대형언어모델이 잘못된 정보와 허위 정보를 대규모로 빠르게 생성할 수 있음을 의미한다. 그렇다면 정치 캠페인 등에서 대중을 설득하는 무기로 사용될 수 있으며, 실제로 그렇게 되리라는 의미도 된다. 챗GPT가 말을 지어내는 것을 관찰하기는 어렵지 않다. 집에서 직접 해보면 챗GPT가 매번 약간씩 다른 대답을 내놓는 것을 알 수 있을 것이다.

- **나:** 영국 해협을 처음으로 헤엄쳐 건넌 코끼리는?

- **챗GPT:** 영국 해협을 최초로 헤엄쳐서 건넌 코끼리는 '점보Jumbo'입니다. 점보는 19세기에 P.T.바넘의 서커스단에서 유명해진 아프리카코끼리입니다. 1882년에 점보는 바넘이 기획한 홍보 행사의 일환으로 동료 코끼리 앨리스와 함께 프랑스에서 영국까지 영국 해협을 헤엄쳐 건넜습니다. 이 행사는 큰 주목을 받아 문화 아이콘으로서 점보의 위상을 더욱 굳건히 만들었습니다.

참고로 점보는 런던 동물원에 있던 유명한 코끼리로, 1882년에 미국의 엔터테이너 피니어스 T. 바넘에게 팔렸다. 코끼리가 영국 해협을 헤엄쳐서 건넜다면 분명 언론의 주목을 많이 받았을 것이고, 신문에도 기록이 남았을 것이다. 그래서 내가 〈뉴욕타임스〉 전체를 검색해봤지만 어떤 코끼리도 해협을 헤엄쳐 건넜다는 기록은 남아 있지 않았다.

챗GPT가 말을 꾸며내는 또 다른 사례를 살펴보자.

- **나**: 《가짜: 인간 세계의 인공지능 Faking It: Artificial Intelligence in a Human World》에 대해 말해줘.

- **챗GPT**: 《가짜: 인간 세계의 인공지능》은 저넬 셰인이 써서 2019년에 출판한 책입니다. 이 책에서 셰인은 인공지능의 다양한 측면, 그리고 인공지능과 인간사회의 다양한 상호작용에 대해 재치 있고 이해하기 쉽게 탐구하고 있습니다.

    셰인은 AI의 성공, 실패, 특이점들을 조사하면서 AI의 세계로 파고듭니다. 그녀는 자율주행 자동차와 안면인식 시스템에서 그림 생성, 시 쓰기 등 좀 더 기발한 활용에 이르기까지 AI의 실세계 응용에 대해 논의합니다. 책 전반에서 셰인은 유머감각과 일화 등을 활용하며 AI 기술의 복잡성과 한계를 잘 보여주고 있습니다.

    《가짜: 인간 세계의 인공지능》의 핵심 주제 중 하나는 AI 시스템이 인간의 편향과 한계를 반영하는 경우가 많다는 점입니다. 셰인은 AI가 편향된 훈련용 데이터나 결함이 있는 프로그래밍 때문에 예상치 못하거나 의도하지 않았던 결과를 내놓는 경우를 강조하여 보여줍니다. 그녀는 또한 개인정보 보호, 공정성, 책임 관련 문제 등 AI를 둘러싼 윤리적 우려에 대해서도 다루고 있습니다.

    전반적으로 《가짜: 인간 세계의 인공지능》은 AI, 그리고 AI가 사회에 미치는 영향에 대해 흥미롭고 깊이 있는 탐색을 제공하며, 급속히 진화하는 이 기술이 제시하는 기회와 도전에 대해 독자들이 깊이 고민해보도록 이끕니다.

이 내용 역시 완전한 헛소리다. 이것이 헛소리라는 것은 내가 너무나 잘 안다. 이 책을 쓴 저자가 나이기 때문이다. 이 책은 2019년이 아니라 2023년에 출판됐다. 그리고 내 책에서는 안면인식에 대해 얘기하지 않았고, 자율주행 자동차도 거의 언급하지 않았다. 내 책의 핵심 주제는 편향과 결함 있는 프로그래밍이 아니라 생성한 AI와 인공지능의 인공성이다.

챗GPT의 답이 완전히 틀린 것은 아니라는 점이 혼란을 가중시킨다. 저넬 셰인도 실제로 AI에 대한 책을 썼다. 하지만 그녀가 쓴 책의 제목은 《넌 그냥 물건 같아. 그래도 사랑해: 인공지능의 작동원리와 그것이 세상을 더 묘한 곳으로 만드는 이유You Look Like a Thing and I Love You: How Artificial Intelligence Works and Why It's Making the World a Weirder Place》다. 그리고 그녀의 책은 실제로 2019년에 출판됐고, 안면인식과 자율주행 자동차에 대해 유머와 일화를 동원해서 길게 이야기하고 있다. 이것은 챗GPT의 환각이 아주 그럴듯하다는 것을 보여준다. 하지만 그럴듯한 헛소리는 헛소리 중에서도 최악의 헛소리다. 사람들이 더 쉽게 믿어버리기 때문이다.

나는 《가짜: 인간 세계의 인공지능》의 저자에 대해 몇 번 더 물었고 매번 다른 답을 받았다. 그다음 답변은 심리의 철학자인 줄리언 바지니Julian Baggini였다. 그다음에는 가상현실의 개척자 재런 러니어Jaron Lanier였다. 그리고 마지막으로는 로봇공학자인 로드니 브룩스를 얘기했다. 모두 그럴듯한 대답이지만 모두 틀렸다. 챗GPT는 당신을 기쁘게 하는 것이 목적이기 때문에, 확신이 있든 없든 항상 당신에게 답을 준다. 대형언어모델이 어떤 것이든 그 뒤에서 확률이 작동하고 있다. 하지만 오픈AI는 이런 확률 문제를 표면에 드러내지 않는 쪽을 택했다. 그렇지 않았다면 "이것은 제가 확신하지 못하는 대답입니다", "이것에 대해서는 저도 확신하고 있습니다", "이것은 자신 있게 대답할 수 없습니다"라고 대답할 수도 있었을 것이다. 내가 들어본 챗GPT에 대한 묘사 중 최고의 것은 '모르는 것도 아는 척하는 완벽한 설명충'이었다.

챗GPT가 환각을 일으킨다는 사실은 전혀 놀랍지 않다. 챗GPT가 출시되기 2주 전에 메타에서도 갈락티카Galactica라는 대형언어모델을 출시했었다. 메타는 이 모델이 인간을 과학 지식에 다가가게 해주는 차세대 인터페이스가 되리라 주장했다. 이 목표를 달성하기 위해 갈락티카는 '꼼꼼히 선별된 고품질 과학 지식 말뭉치'를 바탕으로 훈련을 받았다. 이 말뭉치에는 4,800만 개 이상의 과학 논문, 과학 교과서, 백과사전, 그리고 수백만 가지 화합물과 단백질에 대한 설명이 포함되어 있었다.

메타의 수학 AI 과학자 얀 르쿤은 과학자들이 "학술 문헌을 요약하고, 수학 문제를 풀고, 위키피디아 문건을 생성하고, 과학 코드를 작성하고, 분지와 단백질에 관한 주식을 다는 등의 일"을 하는 데 갈락티카가 도움이 되리라 예측했다. 심지어 그는 갈락티카가 "참고문헌, 공식 등 모든 것을 포함하는 과학 논문도 생성할 수 있을 것"이라 주장했다. 그러나 갈락티카가 과학을, 때로는 위험한 과학을 지어낼 수 있다는 것이 머지않아 분명해졌다. 예를 들어 갈락티카는 위키피디아에 자살의 장점에 대한 항목을 만들어내고, 백인이 되는 이점에 대한 항목도 만들어냈다. 그리고 깨진 유리를 먹는 행동에 따르는 이점에 관한 연구 논문을 쓰기도 했다.

사흘간 이어진 비판 이후 메타는 갈락티카를 폐쇄했다. 르쿤은 X에서 언어 모델이 원래 의도하지 않은 작업에 사용되고 있다며 공격적인 반응을 보였다. 하지만 갈락티카를 향한 비판은 위키피디아 작성 등 르쿤이 갈락티카를 활용하는 방법이라고 제안한 일들을 시도한 후에 터져 나온 비판들이다. 즉, 환각 현상은 챗GPT 출시 이전부터 대형언어모델의 대표적 문제였다.

따라서 오픈AI에서 챗GPT가 말을 자주 지어낸다는 사실을 잘 알고 있으면서도 그것을 출시한 것은 꽤나 대담한 결정이었다. 샘 올트먼은 이렇게 주장했다. "세상은 이것에 익숙해져야 합니다. 우리는 함께 결정을 내릴 필요가 있습니다." 그리하여 결함이 있더라도 대중에게 먼저 제품을 선보이고, 문제가 생기면 빠르게 개선해 나가는 것이 오픈AI의 모토로 자리 잡았다.

안타깝게도 환각은 사라질 문제가 아니다. 사실 당신도 이것이 완전히 사라지기를 바라지 않을 것이다. 챗GPT가 당신의 노트북과 사랑에 빠지는 것에 대해 셰익스피어의 문체로 소네트를 쓸 수 있는 비결은 '환각'을 만들어낼 수 있기 때문이다. 마찬가지로 챗GPT가 새로운 법원 판결을 요약할 수 있는 것도 새로운 것을 말할 수 있기 때문이다. 이것은 유용한 능력이다. 하지만 챗GPT 같은 대형언어모델이 무엇이 진실인지는 모르고, 가능성이 높은 것이 무엇인지만 안다는 근본적인 문제는 그대로 남아 있다. 그리고 우리는 아직 이보다 나은 방법을 모르고 있다.

내가 챗GPT에서 얻은 교훈은 우리가 기계 지능이 아닌 인간의 지능을 과대평가했다는 점이다. 인간의 소통 중 많은 부분이 정형화된 공식을 따라 이루어진다. 우리는 생각만큼 머리를 자주 쓰지 않는다. 우리가 하는 말의 많은 부분이 공식대로 흘러나온다. 우리는 이 공식을 컴퓨터에게 가르친 것이다.

## 엘리자

AI의 역사에서 대중의 주목을 받은 최초의 챗봇은 챗GPT가 아니었다. 그 영광은 최초의 챗봇인 엘리자ELIZA에게 돌아갔다. 엘리자는 1964년에서 1966년 사이에 MIT의 요제프 바이첸바움Joseph Weizenbaum이 개발했다. 웨이젠바움은 어린 시절 나치가 지배하는 독일에서 빠져나와 제2차 세계대전 동안에는 미 육군에서 기상학자로 일했고 결국에는 MIT에서 교수가 되었다.

엘리사의 목표는 컴퓨터화된 심리치료사를 만드는 것이었다. 엘리자를 만들면서 바이첸바움은 AI의 함축적 의미를 탐구하는 일에 관심을 두었다. 그는 엘리자로 대중을 속일 생각이 없었다. 오히려 그 반대였다. 그는 심리치료사의 진료실같이 고차원적인 환경에서도 인간 사이의 소통이 얼마나 피상적으로 이루어지는지 보여주고 싶은 마음이었다. 그런데 엘리자를 이용하는 많은 사람이 자신이 인간과 대화하고 있다고 생각하는 것을 보면서 바이첸바움은 놀랍고 고통스러웠다.

엘리자라는 이름은 조지 버나드 쇼의 희곡 '피그말리온'•에 등장하는 코크니 억양(Cockney, 런던 동부 노동계층이 쓰는 거친 억양-옮긴이)을 쓰는 꽃을 파는 소녀 엘리자 두리틀Eliza Doolittle에서 따온 것이다. 극 중 인물 엘리자는 상류층처럼 말하는 법을 익혀 사람들을 속일 수 있었지만, 본질은 여전히 노동 계층 출신의 여성 그대로였다. 이와 마찬가지로, 챗봇 엘리자 역시 실제보다 훨씬 더 정교하고, 사람의 말을 이해하는 것처럼 보이도록 속일 수 있었다.

엘리자는 본질적으로 말장난을 이용했다. 누군가 말한 내용을 질문으로 바꾸어 되묻는 방식이다. 예를 들어 "나의 죽음에 대해 생각하고 있었어요"라고 말하면 엘리자는 그것을 질문으로 만들어 되묻는다. "왜 죽음에 대해 생각하고 있었는데요?" 이런 단순한 방식에도 불구하고 엘리자는 꽤나 그럴듯한 대화를 이어갔다. 실제로 바이첸

• 이후에 뮤지컬 '마이 페어 레이디'로도 만들어졌다.

바움의 비서가 엘리자와 사적으로 대화를 나누고 싶으니 컴퓨터 단말기와 둘이 있게 해달라고 요청했던 일화는 유명하다.

이쯤에서 엘리자와 나누었던 대화를 소개한다.

- **엘리자:** 당신을 괴롭히는 것이 무엇인지 말해주세요.
- **나:** 아, 안녕, 엘리자. 오랜만이야.
- **엘리자:** 안녕하세요. 어떤 문제가 있나요?
- **나:** 요즘 기분이 조금 우울했어.
- **엘리자:** 지금 기분은 어떤데요?
- **나:** 슬퍼. 그래도 이렇게 글을 쓰고 있으니 좀 나아졌어.
- **엘리자:** 슬픈 기분이 들면 무엇이 떠오르나요?
- **나:** 글쎄. 난 알코올중독. 오랫동안 금주를 했지만 어제는 술을 마셨어. 그러고는 다시 술을 끊겠다고 결심했지. 하지만 그래도 여전히 슬픈 기분이 들어.
- **엘리자:** 알코올 중독 때문에 저를 찾아오신 건가요?
- **나:** 그것도 이유 중 하나인 것 같아.
- **엘리자:** 그 부분을 더 자세히 말씀해주실 수 있나요?
- **나:** 그러니까 이유가 그것만 있는 것은 아니지만, 알코올중독이 내 인생을 망친 가장 큰 원인이니까.

엘리자는 심리치료사를 '패러디'할 목적으로 만들어졌다. 그런데 몇몇 정신과 전문의가 엘리자를 인상도구로 사용하자고 제안히는 것을 보고 바이첸바움은 충격을 받았다. 만약 그가 오늘날에도 살아 있었다면, 이 제안이 현실이 된 것을 보고 크게 실망했을 것이다. 독일에서는 엘리자보다 크게 나을 것도 없는 AI 챗봇이 많은 난민이 외상 후 스트레스 장애PTSD를 극복하도록 돕고 있다. 전쟁 지역에서 도망쳐 나오거나 유럽으로 넘어오는 과정에서 끔찍한 경험을 겪었던 난민들 사이에서는 PTSD가 흔하다. 하지만 슬프게도 이들을 도울 수 있는 인간 심리치료사의 수가 너무 적기 때문에 AI 챗봇이 활용되고 있다. 이상적인 해결책은 아니지만 그래도 없는 것보다는 낫지 않을까?

## 확장의 법칙

오픈AI는 GPT 계열의 모델들을 점점 크게 확장하면서 수억 달러를 투자했다. 얼핏 보기에는 무모해 보일 수 있지만, 사실 그렇게 무모한 일은 아니다. 바로 놀라운 확장의 법칙 때문이다. 이것은 뉴턴의 운동법칙처럼 근본적인 법칙은 아니다. 우리가 아는 한 우주의 물리학을 반영하지도 않는다. 이 확장의 법칙은 경험적 법칙이다. 좀 더 많은 매개변수, 더 많은 계산, 더 많은 훈련이 신경망 성능의 향상으로 이어진다는 관찰을 반영하는 법칙이다.

이 법칙에 따르면 GPT 계열 시스템의 성능은 모델 크기(매개변수의 수로 측정), 훈련 양(컴퓨터 사이클 횟수로 측정), 훈련용 데이터의 양(훈련 세트에 들어 있는 토큰 수로 측정)이 증가함에 따라 일관되게 확장된다는 것을 알 수 있다. 실제로 간단한 수학적 관계(소위 멱함수 power law)가 이 네 가지 측정치를 하나로 연결하는 것으로 보인다.

이것은 시스템을 확장함에 따라 그 성능을 아주 정확하게 예측할 수 있다는 의미다. 간단히 말하자면, 계산 자원을 열 배 늘리면 모델 매개변수의 수와 모델의 훈련에 사용되는 토큰의 수도 열 배 정도 늘릴 때 성능이 가장 효율적으로 확장한다는 것이다.

하지만 여기서 우리는 근본적인 문제와 마주한다. 계산 자원과 훈련용 데이터를 계속해서 열 배씩 증가시킬 수는 없다는 점이다.

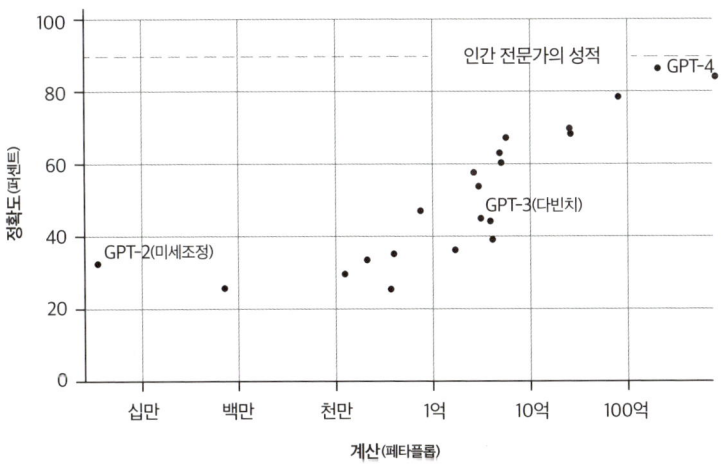

표준화된 다지선다 지식 테스트에서 모델 훈련에 사용한 계산량 대비 대형언어모델의 성적

현재는 여러 회사, 심지어 국가 차원에서 더 큰 모델을 구축하기 위한 컴퓨터 인프라 확보 경쟁을 하는 바람에 GPU 공급이 수요를 못 따라가고 있다. 그리고 데이터도 부족해지고 있다. 적어도 고급 데이터는 확실히 부족해지고 있다. 예를 들어 GPT-3는 이미 전체 인터넷 콘텐츠 중 상당 부분을 사용해서 훈련이 이루어졌다.

그렇다면 우리가 달리 할 수 있는 일이 있을까? 생각해보면, 어쨌든, 인터넷이 없던 시절에도 걷고, 말하고, 읽고, 쓰는 법을 배우지 않았던가…….

# IDEA 5

# 성공에 대한 보상

이제 인공지능의 역사에서 거의 마지막 다섯 번째 개념인 강화학습reinforcement learning까지 왔다. 이것 역시 자연에서 차용한 개념이다. "성공은 보상하고 실패는 벌을 주면서 경험으로부터 학습할 수 있다."

우리는 시도함으로써 학습하는 것이 많다. 자전거에 탄다. 타다가 넘어진다. 다시 자전거에 탄다. 조금 더 오래 탄다. 다시 넘어진다. 이런 식으로 우리는 느리지만 확실하게 올바른 방식을 점점 배워가고, 잘못된 방식은 점점 피해간다. 어쩌면 컴퓨터도 이와 비슷한 방식으로 배울 수 있지 않을까?

이 개념은 생각보다 복잡하다. 체스 학습을 생각해보자. 당신이 체스를 한판 두었다가 졌다고 상상해보자. 이제 똑같은 실수를 두 번 다시 하지 않도록 이 실패에 벌을 주어야 한다. 하지만 그 수많은 경우 중 어느 것이 실패의 원인일까? 진 게임이라도 경기에는 좋은 수도 많았을 것이다. 어쩌면 후반에는 좋은 수를 두었지만 초반에 실수로 잘못 둔 수를 만회하기가 불가능했던 것인지도 모른다. 그렇다면 나쁜 수를 어떻게 가려낼 것인가?

반대로 이번에는 당신이 게임을 이겼다고 해보자. 이번에는 이 성공을 보상해주어야 한다. 하지만 어느 수 덕분에 이겼을까? 이긴 게임이라 해도 중간에 얼마든지 악수를 두었을 수 있다. 마찬가지로 뒤지고 있다가 승부를 뒤집어준 결정적 한 방이 있었을 수도 있다. 이것은 인공지능 분야에서 잘 알려진, '공로 할당credit assignment' 문제라고 불린다. 게임이 끝난 뒤에야 비로소 승패라는 신호를 받는 상황에서, 공로를 어떻게 할당해야 할까? 즉, 게임 중에 둔 여러 수 가운데 어떤 수에 승리의 공로를, 또 어떤 수에 패배의 책임을 돌릴 것인가를 결정하는 문제다.

최초의 AI 연구자 중 한 명인 도널드 미키Donald Michie는 강화학습을 활용해 성냥갑 컴퓨터matchbox computer를 가지고 틱택토(3×3 격자에서 진행하며, 가로, 세로, 혹은 대각선으로 3칸을 먼저 연속으로 채우는 사람이 승리한다. 두 명이 번갈아서 말을 놓고, 한 명은 'X', 한 명은 'O'를 말로 사용한다. 모든 칸이 차도 승부가 나지 않으면 무승부가 된다ㅡ옮긴이)를 해보았다.

에든버러 대학교의 한 동료가 미키에게 학습 기계를 만들지 못할 것이라고 내기를 걸었다. 사실 미키의 동료는 그런 기계는 불가능하다고 주장했다. 그래서 1960년에 미키는 그 주장이 틀렸음을 증명하기 위해 메나스Machine Educable Noughts and Crosses Engine, MENACE를 만들었다. 메나스는 강화학습을 활용해서 틱택토를 플레이할 수 있게 성냥갑으로 만든 컴퓨터였다. 사실 메나스는 틱택토를 완벽하게 배웠다. 틱택토에서 메나스를 이기기는 불가능했다.

미키의 성냥갑 컴퓨터는 단순했다. 이것은 304개의 성냥갑으로 만들어졌다. 각각의 성냥갑은 틱택토 격자판에서 나올 수 있는 서로 다른 배치를 나타낸다. 회전상과 거울상을 무시하면 이 격자판에서 나올 수 있는 고유의 배열은 모두 304개가 존재하는 것으로 나타났다. 게임은 메나스가 'O'을 두면서 시작되었다(상대가 먼저 두고 메나스가 두 번째 수부터 두게 하려면 성냥갑의 개수만 늘리면 된다). 틱택토 격자

매튜 스크록스Matthew Scroggs가 2015년에 다시 만든 메나스 성냥갑 컴퓨터

판 위에 있는 격자들은 각자 서로 다른 색을 가지고 있다. 그리고 각각의 성냥갑에는 아홉 가지 서로 다른 색깔의 구슬들이 들어 있다. 격자의 현재 상태를 나타내는 성냥갑에서 무작위로 구슬 하나를 꺼낸다. 거기서 나온 구슬 색이 메나스가 다음 수를 어디에 둘지 결정한다.

게임이 끝난 뒤 메나스가 이긴 경우에는 색구슬들을 원래 들어 있던 성냥갑에 돌려놓으면서 성공적인 플레이를 했다는 보상으로 같은 색의 보너스 구슬 세 개를 함께 넣어준다. 반면 메나스가 진 경우에는 구슬들을 원래의 성냥갑에 돌려놓지 않음으로써 패배로 이어진 수에 벌을 준다. 이렇듯 메나스에서의 공로 할당 방식은 꽤 단순하다. 이긴 게임에서는 모든 수를 보상하고, 진 게임에서는 모든 수에 벌을 준다. 이런 단순한 공로 할당만으로도 틱택토 같은 단순한 게임을 학습하는 데는 충분하다. 이런 식으로 몇 백 번 게임을 하고 나면 메나스는 틱택토를 하는 방법을 완벽하게 학습한다. 메나스의 상대방이 한 번만 실수를 해도 메나스의 승리로 돌아간다. 그렇지 않으면 메나스는 항상 무승부로 게임을 마친다. 메나스를 이길 수는 없다. 인류가 생명이 없는 성냥갑 무더기에 패배한 것이다!

체스나 틱택토 같은 게임은 명백하게 강화학습을 적용할 수 있는 영역이다. 성공 여부를 명확하게 측정할 방법이 있기 때문이다. 이겼는지 졌는지만 확인하면 된다. 그리고 셀프 대국을 통해 학습할 수도 있다. 즉 컴퓨터가 자기 자신과 게임을 하게 만드는 것이다. 하지만 강화학습은 로봇에게 걷거나 물건을 집는 등의 과제를 가르치는 데도 적용할 수 있다.

미키는 나중에 강화학습 방식을 이용해서 로봇에게 막대의 균형을 잡는 법을 가르쳤다. 하지만 이런 로봇 학습은 가상세계에서 게임을 하는 경우보다 학습 속도가 훨씬 느리다. 그리고 로봇을 학습시키다 잘못되면 로봇이 망가질 수도 있다. 이런 이유로 강화학습을 이용해서 로봇을 훈련시킬 때 현실 세계가 아니라 시뮬레이션으로 진행하는 경우가 늘어나고 있다.

AI에 대한 미키의 관심은 이 분야가 처음 시작되던 때로 거슬러 올라간다. 에든버러에서 일하기 전에 그는 블레츨리 파크에서 암호해독가로 일했다. 그곳에서 그는 앨런 튜링과 친해졌다. 두 사람은 함께 식사했고, 둘 다 체스를 잘 못 둔다는 공통점 덕분에 유대감이 쌓였다. 그리고 이 사실 때문에 미키와 튜링은 기계가 체스를 배울 수 있을지, 더 나아가 기계가 생각할 수 있을지 궁금해졌다.

나는 미키가 메나스를 만들고 여러 해가 지난 다음에 그를 만났다. 그는 튜링이 블레츨리 파크에서 암호를 해독하던 시절의 몇 가지 재미있는 일화를 들려주었다. 예를 들면 튜링은 독일의 침공을 두려워해서 시골집 땅에 은괴 몇 개를 묻어두었는데 위치를 기록해두지 않아서 아직까지도 묻혀 있는 상태라고 했다. 그리고 블레츨리 파크에서 머무는 동안 튜링은 자기 찻잔을 너무 소중히 여겨서 그것을 8번 오두막의 라디에이터에 아예 사슬로 묶어두었다. 하지만 그

라디에이터는 싱크대와 거리가 너무 멀어서 설거지를 하기가 불가능했다. 그래서 미키를 비롯해서 많은 사람이 튜링의 건강을 걱정했다고 한다.

## 딥마인드

이제 AI가 돌파구를 마련한 다음 순간으로 넘어가자. 이 돌파구는 2010년에 유니버시티칼리지 런던의 두 AI 연구자인 데미스 하사비스Demis Hassabis와 셰인 레그Shane Legg, 그리고 사회운동가이자 데미스 하사비스의 남동생과 어린 시절 친구였던 무스타파 술레이만Mustafa Suleyman이 설립한 회사 딥마인드DeepMind에서 나왔다.

딥마인드는 설립 이후로 AI 분야에서 막대한 영향을 미쳤다. 세

데미스 하사비스(왼쪽)와 무스타파 술레이만

명의 설립자 중에 셰인 레그는 조용히 지냈지만(그의 태도를 존중해서 그를 사진에 담지 않았다) 하사비스와 술레이만은 그렇지 않았다. 데미스 하사비스는 현재 구글에서 AI 연구를 이끄는 반면, 무스타파 술레이만은 경쟁 관계인 마이크로소프트에서 AI 연구를 이끌고 있다. AI의 미래 중 많은 부분이 북런던의 남자 중등학교에서 처음 만난 두 친구의 손에 달려 있다는 점이 흥미롭다.

하사비스는 4세 때 체스를 배워 불과 13세의 나이로 대가의 수준에 도달해서 영국의 몇몇 청소년 체스 팀 주장을 맡았던 신동이었다. 그는 케임브리지 대학교에 입학하기 전 가진 갭이어(gap year, 고등학교 졸업생들이 대학에 입학하기 전에 1년 정도 갖는 휴식기-옮긴이) 동안 게임 디자이너로 일했다. 그가 1994년에 내놓은 게임 '테마파크'는 수백만 장이 팔렸고, 그는 이것으로 대학 학비를 충당했다. 이후 그는 케임브리지 대학교 컴퓨터과학 학부를 최우수 성적으로 졸업하고, 이어서 유니버시티칼리지 런던에서 인지신경과학 박사 학위를 받았다. 두꺼운 안경을 쓰고 소년 같은 외모를 한 하사비스를 보면 TV 시리즈 〈선더버드〉에 나오는 과학 천재 겸 공학자 브레인스가 생각난다.

반면 무스타파 술레이만은 하사비스나 레그와 달리 기술 분야 출신이 아니었다. 그는 철학과 신학을 공부하기 위해 옥스퍼드 대학교에 진학했지만, 세상에 더 실질적인 영향을 미치고 싶어 곧 중퇴했다. 그는 무슬림 청소년 전화상담 서비스 Muslim Youth Helpline의 설립을 도왔고, 이곳은 영국에서 무슬림을 위한 정신건강 지원 서비스 중 가장 대표적인 기관으로 성장했다. 그러고 나서 무스타파는 런던 시장 켄 리빙스턴Ken Livingstone 밑에서 인권문제에 관한 일을 하다가 UN, 네덜란드 정부, WWF(세계자연기금)에서 사회문제를 다루었다.

셰인 레그는 뉴질랜드 로토루아 출신이다. 그는 와이카토 대학교에서 컴퓨팅 및 수학과학으로 학사 학위를, 오클랜드 대학교에서 수학으로 석사 학위를 받았다. 이후 그는 범용인공지능AGI 스타트업인 웹마인드를 비롯해서 몇몇 소프트웨어 회사에서 일했다. 그는 스위스의 달몰 인공지능연구소Dalle Molle Institute for Artificial Intelligence에서 초지능에 관한 박사 논문을 썼고, 이어서 유니버시티칼리지 런던의 개츠비 컴퓨테이셔널 뉴로사이언스 유닛Gatsby Computational Neuroscience Unit에서 박사후연구원 자리를 맡았다. 그리고 그곳에서 데미스 하사비스를 만났다.

2010년에 세 사람은 힘을 합쳐 딥마인드를 설립했다. 이 회사는 야심 차면서도 복잡하지 않은 사명을 내세웠다. 인공지능 문제를 해결하고, 이를 활용해서 인류의 문제를 해결하는 것이었다. 딥마인드는 강화학습을 이용해서 게임을 배우는 것으로 이 사명을 시작했다. 이것은 퐁Pong, 브레이크아웃Breakout, 스페이스 인베이더스Space Invaders 등 마흔아홉 가지 다양한 아타리(Atari, 미국의 비디오게임 개발 회사로, 이 분야를 개척하며 한 시대를 풍미했다―옮긴이) 비디오게임으로 시작됐다.

이들의 결과는 AI 연구계를 깜짝 놀라게 했다. 딥마인드의 AI 프로그램에게 게임의 배경 지식을 전혀 알려주지 않고, 점수와 스크린 위의 픽셀에 관한 기본 정보만 제공해주었다. 그런데도 AI는 어떻게든 각각의 게임 방법을 아예 처음부터 학습해 나갈 수 있었다. 대부분의 사례에서 딥마인드의 AI는 인간 수준의 플레이를 펼쳐 보였고, 열두 건의 사례에서는 인간을 초월한 수준의 플레이를 보여주었다.

이 게임에 참여하는 인간과 달리 딥마인드의 AI는 박쥐, 공, 벽 등에 대해서 알지 못했다. 심지어 운동량, 중력, 혹은 이 게임을 플레이하는 데 도움이 될 다른 어떤 것에 대해서도 알지 못했다. 딥마인드의 AI는 모든 것을 아예 처음부터 학습해야 했다. 혼자서 수없이 게임을 반복하면서 컴퓨터는 처음에는 게임하는 법을 배웠고, 몇 시간의 훈련 후에는 게임을 잘하는 법을 배웠다.

선도적인 AI 연구자이자 AI에 관해 가장 인기 있는 교재를 쓴 저자 스튜어트 러셀Stuart Russell은 이 분야에서 일해왔던 많은 이들이 느낀 감정을 이렇게 표현했다. "이것은 대단히 인상적이면서도 무서운 일이었다. 아기가 태어난 첫날 저녁부터 이미 비디오게임에서 다른 인간들을 물리치고 있다면 겁에 질릴 수밖에 없다." 그 잠재력을 알아본 구글은 재빨리 딥마인드를 인수했다. 소문에 따르면 인수 가격이 5억 달러(약 7,000억 원) 정도였다고 한다. 유료 고객도 없고, 직원 수도 단 50명에 불과한 회사였는데 말이다.

## 준비 완료

딥마인드의 다음 돌파구는 약 6년 뒤에 찾아와 전 세계 뉴스의 헤드라인을 장식했다. 이것은 AI의 스푸트니크 순간Sputnik moment으로 묘사됐다.

1957년 10월 세계 최초의 인공위성 스푸트니크 호가 카자흐스탄 바이코누르 우주기지Baikonur Cosmodrome에서 지구 저궤도로 발사됐다. 스푸트니크는 큰 호박 크기의 윤기 나는 금속 구체에 불과해서 보기에는 별다른 게 없었다. 그리고 이 위성이 할 수 있는 것이라고는 네 개의 외부 안테나로 라디오 펄스를 방송하는 것뿐이었다. 하지만 스푸트니크는 딥마인드의 다음 돌파구처럼 세상을 바꾸어놓았다. 이 사건으로 미국은 러시아의 기술 발전 위협에 눈을 떴고, 그렇게 우주 경쟁이 시작됐다. 이 기술 경쟁이 결국은 인간을 달로, 탐사로버를 화성으로, 우주선을 태양계 모든 행성으로 보내는 계기가 됐다. 그리고 이 기술은 대륙간 탄도미사일에서 집적회로에 이르기까지 모든 것을 인류에게 선사해 주었다.

인공지능의 스푸트니크와 같은 순간은 거의 60년 후인 2016년 3월에 찾아왔다. 딥마인드의 AI 프로그램 알파고가 인간을 상대로 승리를 거둔 것이다. 이 프로그램은 평범한 사람과 상대한 것이 아니라 바둑 세계 정상급 선수를 상대로 이긴 것이었다. 이 사건을 지켜본 많은 이들에 따르면 알파고의 승리는 AI 경쟁에 불을 붙인 시발점이었다. 이번에는 잠재적 기술의 위협에 눈을 뜬 쪽이 미국이 아니라 중국이었다. 그리고 이것은 달을 향한 경주가 아니라 다음에 찾아올 거대한 경제 혁명에서 주도권을 잡기 위한 경쟁이었다.

이 AI의 승리 직후에 중국 정부는 AI에서 세계를 선도하겠다는 야심 찬 계획을 발표했다. 중국의 계획에 따르면 2030년 즈음에는 AI가 중국의 산업 생산에 1,500억 달러 이상 직접 기여하고, 관련 산업을 통해서 1조 5,000억 달러 이상 간접 기여할 것으로 추정됐다.

컴퓨터가 단순한 보드게임에서 승리했다는 것이 어떻게 중국의 장기적인 야심에 그렇게 큰 영향을 미칠 수 있었을까? 바둑이 중국에서 특별히 중요한 위치를 차지하고 있음을 이해해야 한다. 이 게임은 2,000여 년 전에 중국에서 발명됐다. 바둑은 서예, 회화, 고금 연주와 더불어 군자가 갖추어야 할 네 가지 덕목 중 하나다. 바둑은 엄청나게 미묘하고 복잡한 게임이다. 실제로 알파고의 승리는 대단히 충격적이어서, 중국 당국이 알파고 게임의 생중계를 금지할 정도였다.

중국의 AI 계획을 보면 인공지능을 이용해서 전 세계적으로 경제적, 군사적 지배력을 강화하겠다는 야심이 숨김없이 드러난다. 당시 중국 국가주석이었던 시진핑이 2017년 10월 제19차 당 대회에서 보고한 바에 따르면 중국은 다가오는 세기에 '과학기술 초강대국'이 되는 것을 목표로 하고 있었다. 그리고 이후로 그들은 이 계획을 실행해 왔다. 예를 들면 중국은 이제 AI 출판물과 특허 측면에서 미국을 거의 따라잡은 상태다.

중국의 AI 계획에 다른 많은 나라가 대응에 나섰다. 당연한 얘기지만 미국도 중국이 AI 경쟁에서 승리할 위협에 맞설 계획을 가지고 있고, 이를 뒷받침하기 위해 수십억 달러의 연방 자금을 확보하겠다고 발표했다. AI 연구의 또 다른 주요 주자인 영국은 이 경쟁에서 뒤처지는 것을 막기 위해 수십 억 파운드를 투자할 계획이다. 프랑스는 이 AI 경쟁에 뛰어들기 위해 15억 유로를, 독일은 30억 유로를 투자할 예정이다. 심지어 인도도 5억 달러 정도를 투자하려 하고 있다. 슬프게도 호주 정부는 여전히 이 분야에 투자가 소극적이어서 이 기회를 놓칠 가능성이 높아 보인다.

인공지능이 현재의 경제적, 정치적, 사회적 풍경을 뒤바꾸어 놓고 있다는 데는 의심의 여지가 없다. 2017년에 PwC에서 내놓은 연구에 따르면 AI로 인해 2030년 세계 GDP가 15퍼센트 정도 높아질 것으로 추정되는데 인플레이션을 감안하면 미화 15조 달러에 해당하는 액수다. 그야말로 향후 10년 동안 가장 큰 혁신의 기회 중 하나가 될 것이다.

알파고의 승리는 AI 혁신으로 이어지는 길에서 중요한 발걸음이었다. 컴퓨터가 바둑을 잘 두는 일은 절대 없을 것이라 예상한 바둑 대가들이 많았다. 심지어 AI 낙관론자들조차도 바둑에서 성공을 거두려면 여전히 10년이나 그 이상 걸릴 거라 내다보고 있었다. IBM 딥블루가 체스에서 가리 카스파로프를 이긴 후인 1997년 7월에 〈뉴욕타임스〉는 이렇게 밝혔다. "컴퓨터가 바둑에서 사람을 이기는 날이 오면, 그것은 인공지능이 정말로 인간의 지능만큼 좋아지기 시작했다는 신호가 될 것이다."

〈뉴욕타임스〉의 이런 지적은 타당한 것이었다. 바둑은 체스보다 훨씬 어렵고 복잡하다. 체스에서는 매 차례 고려해야 할 가능한 경우의 수가 스무 가지 정도다. 반면 바둑에서는 200가지 정도 된다. 2수를 내다보려면 200 곱하기 200, 즉 4,000가지 가능한 경우의 수를 고려해야 한다. 3수를 내다보려면 고려해야 할 수가 800만 가지로 늘어난다. 그리고 15수를 내다보려면 우주에 들어 있는 원자보다도 많은 경우의 수를 고려해야 한다.

바둑이 가진 또 하나의 특징은 게임 도중에는 누가 이기고 있는지 판단하기가 대단히 어렵다는 점이다. 체스에서는 누가 이기고 있는지 판단하기 어렵지 않다. 그냥 잡힌 말의 가치만 계산해도 대략적인 판단이 가능하다. 하지만 바둑에서는 단순히 지금 둘러싸인 돌의 개수를 세어서는 누가 앞서는지 알기 어렵다. 겉으로는 이미 잡힌 것처럼 보이는 돌도 마지막에 살아남을 수 있고, 반대로 안전해 보이는 돌도 끝내는 한순간에 사라질 수 있기 때문이다. 바둑의 대가들은 누가 앞서고 있는지 파악하는 능력을 키우는 데도 평생의 훈련이 필요하다. 200가지 서로 다른 경우의 수 중 어느 수를 둘지 결정하려면 바둑 프로그램은 현재 누가 앞서고 있는지 판단할 수 있어야 한다.

누가 앞서고 있는지 인식하기 위해 알파고는 강화학습을 이용했다. 바둑판 위에서 두기 좋은 위치가 어디인지 기술하는 방법은 우리도 모른다. 하지만 그럼에도 인간은 두기 좋은 위치를 알아보는 법을 배운다. 이처럼 컴퓨터도 배울 수 있다. 구글의 공학적 전문성과 방대한 서버 팜(server farm, 여러 대의 컴퓨터 서버와 운영 시설을 모아놓은 곳-옮긴이)도 승리에서 중요한 역할을 했다. 알파고는 자기 자신과 수십억 번 대국을 벌이며 전략을 개선했다. 실제로 알파고는 한 사람이 평생 둘 수 있는 바둑의 횟수보다 많은 바둑을 두었다. 최근에 이루어진 AI의 여러 발전과 마찬가지로, 터무니없을 정도로 많은 자원을 문제 해결에 쏟아부음으로써 의미 있는 성과를 얻어낸 것이다.

## 37번째 수

2016년, 바둑의 대가 이세돌과 알파고가 맞붙은 대국에서 결정적인 한 수가 등장했다. 두 번째 대국, 37번째 수였다. 무슨 조화인지 가리 카스파로프와 IBM의 딥블루가 벌인 그 유명한 1997년의 대결에서도 두 번째 대국의 37번째 수가 결정적인 한 수였다. 이게 무슨 조화일까!

1997년 대결의 첫 번째 대국에서는 카스파로프가 이겼다. 딥블루는 두 번째 대국을 스페인 오프닝Spain opening으로 시작했다. 이것은 체스에서 초보자와 전문가 모두 즐겨 사용하는 인기 있는 오프닝 중 하나다. 37번째 수에서 딥블루는 체스의 관례를 깨고 단순히 말을 잡는 실질적 이득에 만족하는 대신 미세하게나마 형세적으로 우위를 선점할 수 있는 선택을 했다. 그리고 카스파로프는 오래지 않아 기권했다.

카스파로프는 격분하여 IBM이 분명 부정행위를 하고 있다고 주장했다. 그는 이런 미세하면서도 좋은 수는 오직 인간만 생각해낼 수 있다고 보았다. 그는 IBM에게 인간 전문가가 개입하지 않고 딥블루가 스스로 수를 생각해냈다는 것을 증명하기 위해 컴퓨터 로그를 공개할 것을 요구했다. 하지만 IBM은 거절했다. 나중에 분석해보니 버그였을 가능성이 제기됐다. 시간에 쫓기자 딥블루가 다소 무작위적인 경우의 수를 선택한 것이다. 실제로 카스파로프는 그 게

1997년에 딥블루와 치른 대국에서 깊은 생각에 잠긴 카스파로프

IDEA 5 성공에 대한 보상

임을 포기할 필요가 없었다. 이름 그대로 무한히 이어지는 무한체크 perpetual check를 통해 무승부를 이끌어내는 것이 가능했기 때문이다. 하지만 카스파로프가 지레 겁을 먹었던 것이다.

이세돌과 알파고의 2016년 대결에서 첫 대국은 알파고가 이겼다. 그래서 이세돌은 다시 균형을 맞추고 싶은 마음이 간절했다. 그런데 두 번째 대국의 37번째 수에서 알파고는 인간 고수라면 절대 두지 않을 수를 두었다. 알파고가 바둑판의 5선에 수를 둔 것이다. 인간이 수천 년 동안 바둑을 두면서 쌓은 지혜에 따르면 게임 초반에는 5선이 아니라 4선에 두는 것이 상식이었다.

20년 전의 카스파로프처럼 이세돌도 눈에 띄게 동요했다. 그는 거의 15분 정도 대국장을 떠났다가 돌아와서 대국을 이어갔다. 37번째 수 역시 대국의 흐름을 바꾸었고, 대국 결과에 결정적인 영향을 미쳤다. 이세돌은 이 두 번째 대국도 졌고, 결국 4-1로 전체 대결에서 패배했다. 나중에 이세돌은 알파고의 수를 '아름답다'라고 표현했다.

1997년과 달리 이번의 37번째 수는 버그가 아니었다. 사실 37번째 수는 인간보다 훨씬 더 많은 가능성을 고려할 수 있는 컴퓨터가 찾아낸 완벽에 가까운 수였다. 바둑 전문가들은 흥분했다. 그들은 AI가 찾아낸 이런 통찰이 바둑이라는 게임을 뒤바꿀 거라 기대하고 있다. 인간보다 체스를 더 잘 두는 컴퓨터 프로그램으로 체스가 발전했듯이, 바둑도 인간보다 훨씬 잘 두는 컴퓨터 프로그램으로 혁명을 맞이할 가능성이 높다.

그렇다고 AI가 체스를 두는 재미를 인간에게서 빼앗지는 않았다. 요즘은 어떤 체스의 대가도 뛰어난 컴퓨터 프로그램을 이길 수 없다. 하지만 지금은 1997년보다 전문적으로 체스를 두어 생계를 꾸리는 사람이 더 많아졌다. 그리고 프로와 아마추어 게임 모두 눈에 띄게 수준이 높아졌다. 아마추어는 이제 아무리 오래 장고해도 너그러이 받아줄 수 있는 고수를 상대로 연습할 수 있다. 그리고 프로들도 미묘하고 새로운 수순을 쉽게 연구하고 이해할 수 있게 됐다.

37번째 수에 관한 이 두 가지 일화를 통해 우리가 배울 수 있는 역사의 교훈 한 가지가 있다면, AI는 단순히 승패가 아니라 인간을 이긴 방식으로 인간을 놀라게 하리라는 점이다.

## 단백질 접힘

물론 딥마인드는 단순히 인간보다 게임을 더 잘하는 것 이상의 거대한 야망을 가지고 있다. 궁극적으로 딥마인드는 AI의 문제를 해결한 다음에 AI를 이용해서 인류의 문제를 해결하기를 원한다. 그렇다면 생물학만큼 좋은 출발점이 있을까? 더 구체적으로 말하자면 단백질의 아미노산 시열을 바탕으로 단백질의 3차원 구조를 예측하는 문제다. 단백질 구조 예측은 생물학에서 가장 중요하게 여기는 미해결 문제 중 하나로, 50년 넘게 생물학자들에게 큰 도전 과제로 남아 있다.

단백질은 우리를 살아 있게 하는 커다란 생물분자다. 단백질은 근육으로 산소를 실어 나르고, 대사반응을 촉매하고, 신경신호의 전달을 돕고, 광합성과 다른 생물학적 반응에서 중요한 역할을 한다. 단백질이 어떻게 이 모든 놀라운 일을 해내는지 이해하려면 그 형태를 이해해야 한다. 단백질의 형태가 기능을 결정하기 때문이다. 예를 들어 코로나 바이러스SARS-CoV-2가 사람을 감염시킬 때 스파이크 단백질spike protein이 중요한 역할을 한다는 것을 우리는 너무나 잘 알고 있다.

1958년에 존 켄드루John Kendrew는 미오글로빈myoglobin이라는 단백질 구조를 최초로 밝혀냈다. 그는 이 발견을 인정받아 1962년에 노벨화학상을 공동 수상했다. 그 후로 17만 가지 정도의 단백질 구조가 밝혀졌다. 하지만 생물학에서 발견된 단백질의 종류는 2억 가지가 넘는다. 새로 발견된 단백질의 구조를 밝히는 데는 몇 년의 노력이 필요할 수 있고, 그것 하나만 해도 박사 학위쯤은 무난히 받는다.

단백질 구조 예측은 딥마인드가 도전하기에 적당한 문제였다. 생물학자들이 이것을 게임으로 만들어놓은 상태였기 때문이다. 2년마다 단백질 구조를 예측하는 '월드 챔피언십' 대회가 열린다. 전 세계에서 약 100명 정도의 연구진이 정기적으로 이 대회에 참여한다. 경쟁은 치열하다. 연구자들은 단백질 구조를 예측하는 컴퓨터 프로그램을 준비하면서 몇 년을 보낸다.

2018년 이전에는 컴퓨터 계산을 이용하는 방법이 실험 기법에 비해 정확도가 떨어져서 작고 단순한 단백질을 제외하고는 한계가 있었다. 그러던 중 딥마인드가 알파폴드AlphaFold라는 AI 프로그램을 처음으로 대회에 출전시켰고, 나머지 97곳의 참가자를 제치고 우승을 차지했다. 알파폴드는 마흔세 개의 단백질 중 스물다섯 개의 구조를 가장 정확하게 예측했다. 이에 비해 2위 팀은 마흔세 개 중 겨우 세 개만 예측에 성공했다. 2년 후인 2020년에는 딥마인드가 더 놀라운 성적을 거두었다. 트랜스포머 기반의 새로운 모델이 다시 한 번 대회에서 우승을 차지했는데, 그 결과를 두고 생물학자들은 '놀라운', '혁신적인'이라는 표현을 사용했다. 알파폴드는 3분의 2 정도의 단백질에서 형태를 밝혀냈고, 그 정확도도 실험실 실험에 필적하는 수준이었다.

강화학습은 알파폴드에서 중요한 역할을 한다. 알파폴드는 강화학습을 반복적으로 이용하면서 기존의 예측 오류를 학습하며 단백질 형태 예측을 정교하게 다듬어 나간다. 이 모델은 알려져 있거나 실험으로 밝혀진 단백질 구조에 얼마나 가깝게 예측했는지를 바탕으로 보상을 받고, 이것이 알파폴드를 더 정확한 예측으로 유도한다. 이런 반복 과정은 모델이 잠재적 형태의 광범위한 공간을 탐험할 수 있게 도와, 새로운 접힘 모양을 탐구하는 것과 알려진 구조 정보를 활용하는 것 사이에서 균형을 잡는 법을 학습하게 만든다.

2022년에는 딥마인드가 대회에 참가하지 않았다. 알파폴드를 오픈소스로 공개해서 대부분의 참가자가 이제는 알파폴드, 혹은 알파폴드가 포함된 도구를 사용하기 때문에 참가할 필요가 없었다. 대신 딥마인드는 알파폴드를 이용해서 단백질 구조를 예측하는 일에 에너지를 쏟기 시작했다. 2023년 7월에 딥마인드는 과학자들이 자유롭게 이용할 수 있도록 2억 개의 단백질 구조가 담긴 데이터베이스를 공개했다. 이 데이터베이스는 과학계에 알려진 거의 모든 단백질을 포함하고 있다. 이 데이터베이스를 유지, 관리하고 있는 유럽 생물정보학 연구소European Bioinformatics Institute의 명예소장 자넷 손튼Janet Thornton은 그 영향을 이렇게 잘 표현했다.

"과학자들은 거인의 어깨 위에서 연구하며 성과를 쌓아간다. 그리고 그 어깨는 데이터인 경우가 대부분이다. 이 수백만 개의 구조 예측은 생물학을 바꾸어놓을 것이다. 이것은 의학, 농업, 생명공학 등 모든 분야에 유용하다. 그저 환상적일 따름이다."[1]

## 그건 기본이지, 왓슨

앞에서 보았듯이 인류가 만든 게임에서 인간을 이긴 회사는 딥마인드만이 아니었다. IBM 역시 1997년에 체스 게임에서 인간을 이겼다. IBM의 딥블루 프로젝트는 비용을 쉽게 충당할 수 있었다. 딥블루가 가리 카스파로프를 이긴 다음 날 IBM의 주가는 거의 4퍼센트나 뛰어올라 회사의 가치가 20억 달러나 높아졌다. 이 체스 승리로 IBM은 기술 선도 기업으로서의 홍보 효과도 톡톡히 누렸다. 당연히 IBM은 훨씬 어려운 게임을 대상으로 이 성공을 재현하고 싶은 마음이 간절했다.

2007년에 데이비드 페루치David Ferrucci가 이끄는 IBM의 한 연구진이 왓슨Watson을 개발하기 시작했다. 상식 퀴즈 게임 〈제퍼디!Jeopardy!〉를 플레이하는 AI 프로그램이었다. 왓슨은 IBM의 설립자이자 1대 CEO인 토머스 J. 왓슨Thomas J. Watson의 이름을 딴 것이다. 그리고 40시즌 이상 이어져 온 〈제퍼디!〉는 가장 인기 있는 TV 장수 퀴즈쇼 중 하나다. 참가자들에게는 질문 대신 답변 형식의 단서가 제공된다. 그럼 참가자들은 그 단서가 나타내는 사람, 장소, 물건, 혹은 아이디어를 찾아내서 각각의 대답을 질문 형태로 표현한다.

· **질문**

독일에서 태어난 이 사람은 1710년에 영국에서 작곡을 시작했고, 1759년에는 웨스트민스터 사원에 묻혔습니다.

· **답변**

게오르크 프리드리히 헨델George Frideric Handel은 누구일까요?

그냥 구글에서 검색하면 나오는 거 아니냐고 할 사람이 있을 것 같아 얘기하자면, 왓슨은 인터넷에 연결되어 있지 않았다. 하지만 백과사전, 사전, 유의어사전, 뉴스 기사, 문학작품에서 추출한 4테라바이트의 정보에는 접근할 수 있다. 왓슨은 여러 가지 AI 프로그램을 모아놓은 것이다. 예를 들면 지리 문제의 전문 AI 프로그램, 역사적 사건 전문 프로그램, 분류학 전문 프로그램이 각각 있는 식이다. 〈제퍼디!〉 참가자들은 특정 질문에 베팅을 걸어야 했기 때문에 왓슨은 강화학습을 이용해서 좋은 베팅 전략을 세웠다. 왓슨은 또한 인간 참가자처럼 버저를 눌러 질문에 대답해야 했기 때문에 기계로 된 손도 가지고 있었다.

4년의 개발 끝에 왓슨은 인간과 대결할 준비를 마쳤다. 2011년 초에 〈제퍼디!〉 챔피언 켄 제닝스Ken Jennings와 브래드 러터Brad Rutter와의 대결이 성사됐다. 러터는 역사상 가장 많은 돈을 번 미국의 게임 쇼 참가자로, 다양한 게임 쇼에서 상금으로 500만 달러 넘게 벌어들였다. 그는 또한 〈제퍼디!〉에서 74회 연속 우승을 하면서 최장 연승 기록도 보유하고 있다. 제닝스는 역사상 두 번째로 많은 돈을 번 미국 게임 쇼 참가자다. 그는 〈제퍼디!〉 대결에서 한 번도 진 적이 없었다. 하지만 이번에는 그런 기록이 깨지려 하고 있었다.

제닝스와 루터를 상대로 펼쳐진 이틀간의 대결에서 IBM 왓슨은 완승을 거두며 7만 7,147달러를 획득했고 제닝스는 2만 4,000달러, 러터는 2만 1,600달러를 획득하는 데 그쳤다. 인간이 다시 기계에게

켄 제닝스, AI 왓슨, 브래드 러터가 100만 달러의 상금을 두고 〈제퍼디!〉에서 대결을 벌이는 모습

패배한 것이다. 왓슨은 전체 상금으로 100만 달러를 가져가 자선단체에 기부했다.

요약하자면, IBM은 왓슨을 구축하는 데 수백만 달러의 자금과 몇 년의 시간을 투자했다. 왓슨을 운영하는 슈퍼컴퓨터 자체만 해도 미화 300만 달러에 달한다. 하지만 요즘에는 챗GPT를 사용하면 간단한 프롬프트만으로도 무료로 경쟁할 수 있다. 나도 한번 시도해보았다.

- **나**: 플로리다 북쪽 경계를 넘어가면 다시 들어갈 수 있는 주가 두 곳 있어. 〈제퍼디!〉처럼 질문 형식을 빌어서 답변해줘.

- **챗GPT**: 조지아와 앨라배마는 무엇입니까?

IDEA 5 성공에 대한 보상

- **나**: 1500년대에 게임 속도를 높이기 위해 발명된 이 수는 같은 색깔의 말 두 개를 동시에 움직여.

- **챗GPT**: 체스에서 캐슬링(castling, 체스에서 킹과 룩을 동시에 움직이는 수로, 게임 속도를 높이고 왕을 안전하게 보호하기 위해 도입된 규칙-옮긴이)은 무엇입니까?

- **나**: 이름은 잔혹하게 들릴 수 있지만, 사실은 평범한 자수 무늬를 말하며 면 직물에 실로 꽃무늬를 뜨는 것을 의미해.

- **챗GPT**: 크루엘 워크(crewel work, 이름이 잔혹하게 들린다는 것은 'crewel'의 발음이 잔혹하다는 의미의 'cruel'과 비슷해서 나온 언어유희)는 무엇입니까?

- **나**: 그는 1974년 9월 8일에 대통령 사면을 받았어.

- **챗GPT**: 리처드 닉슨은 누구입니까?

- **나**: 1594년에 그는 안달루시아에서 세금징수원 일자리를 얻었지.

- **챗GPT**: 미구엘 드 세르반테스Miguel de Cervantes는 누구입니까?

- **나**: 이곳의 가장 큰 공항은 2차 세계대전의 영웅 이름을, 두 번째로 큰 공항

은 2차 세계대전 전투의 이름을 따서 지었어.

- **챗GPT**: 시카고는 무엇입니까?

마지막은 특히나 역사적인 질문이다. 이것은 왓슨이 제닝스, 러터와 벌인 2011년 대결의 마지막 질문이었다. 이 질문의 카테고리가 미국 도시였음에도 왓슨은 토론토라고 추측했다. 챗GPT는 정확하게 답을 했지만 지금쯤 이 질문과 답은 분명 챗GPT의 훈련용 데이터에 포함되어 있을 것이기 때문에 진정한 테스트라 할 수 없다.

제닝스, 러터와 벌인 대결에서 왓슨의 성능을 분석하니 왓슨이 질문에 답하는 데 인간 챔피언보다 더 뛰어났던 것은 아니라는 사실이 밝혀졌다. 다만 도박에 더 뛰어났을 뿐이다. 왓슨은 자기가 정답을 맞힐 확률을 더 정확하게 계산해서 그에 따라 베팅할 수 있었다. 확률을 더 정확하게 계산할 수 있는 컴퓨터의 이런 능력은 우리가 AI 구축을 통해 거둔 성과를 설명하는 마지막 여섯 번째 개념으로 깔끔하게 이어진다. 이 개념에 대해서는 다음 장에서 살펴보겠다.

## 인간의 피드백

강화학습의 마지막 성공사례로 이 장을 마무리하려 한다. 바로 챗GPT에 관한 것이다. GPT 계열의 대형언어모델을 구축하기 위해서 오픈AI에서 구글의 트랜스포머 모델을 가져다가 공격적으로 확장했다고 한 것이 기억날 것이다. 하지만 GPT-3에서 챗GPT로 넘어가기 위해 그들은 한 가지 중요하고 새로운 요소를 추가했다. 인간의 피드백을 통한 강화학습(reinforcement learning from human feedback, 종종 RLHF로 줄여서 말한다)이다.

GPT-2나 GPT-3 같은 대형언어모델은 마치 주의력 결핍 장애가 있는 것처럼 행동할 수 있다. 이 모델들은 앞에서 살펴본 대로, 실행할 때마다 출력이 달라지는 무작위성을 가진다. 이런 무작위성의 문제는 확률이 결국 당신에게 불리하게 돌아갈 수 있음을 의미한다. 수학자들은 이것을 '도박꾼의 파산gambler's ruin'이라고 부른다. GPT-2나 GPT-3 같은 모델에서는 이런 특성이 모델이 쉽게 산만해지는 형태로 나타난다. 이런 모델들은 다음에 나올 단어를 예측하는 과정을 반복하면서 문장을 써내려 간다. 하지만 결국에는 원치 않는 무작위 방향으로 흘러가게 만드는 단어가 예측되어 출력된다. 간단한 예를 들어보자. 내가 GPT-2에게 "광합성이란 …PHOTOSYNTHESIS IS..."이라는 글을 이어가보라고 했다. 처음 시작은 좋았다.

광합성이란 살아 있는 생명체가 성장하며 자체 에너지와……

PHOTOSYNTHESIS IS the process by which living things grow and produce their own energy……

하지만 이상하게 흘러가기 시작한다.

> ……이산화탄소를 생산하는 과정입니다.
> ……and carbon dioxide CO2.

광합성은 이산화탄소가 아니라 산소를 생산한다. GPT-2는 다음 문장에서 더 많은 오류를 저질렀다.

> 대부분의 식물과 동물은 두 가지 방식 중 하나로 탄소를 광합성합니다.
> Most plants and animal photosynthesize carbon in one of two ways.

이 말은 문법상 틀렸다. 'animal'이 아니라 'animals'라야 한다. 하지만 그보다 더 중요한 사실은 동물은 광합성을 하지 않는다는 점이다. 다만 광합성을 하는 조류와 남세균cyanobacteria과 공생 관계를 맺고 사는 동물은 있다.

인간의 피드백을 통한 강화학습은 이 문제를 해결한다. 대형언어모델이 내놓은 두 가지 가능한 출력 중 어느 쪽이 더 마음에 드는지 사람에게 반복적으로 물어보는 훈련 단계가 있다. 이런 인간의 피드백을 통해 모델에 적절한 가치관이 반영될 수 있다. 인간이 인종차별적이거나 성차별적인 답변을 낮게 평가하면 모델은 더 나은 대답을 출력하는 법을 학습한다.

인간의 피드백을 통한 강화학습 과정은 인간이 참여하기 때문에 비용이 많이 든다. 하지만 이것을 통해 대형언어모델 출력의 질을 극적으로 향상시킬 수 있다. 대형언어모델은 대부분 인터넷 데이터를 바탕으로 다소 무차별적으로 훈련시킨다. 하지만 인간의 피드백을 통한 강화학습을 이용하면 온라인에서 발견되는 잘못된 정보, 선전선동, 음모론, 인종차별, 성차별 등을 반복하지 않게 만들 수 있다. 여기에 더해 대형언어모델 개발자들은 제한규칙을 직접 명시적으로 코딩해 시스템에 적용시키기 때문에, 모델이 만들어내는 더 공격적이고 위험하고 불법적인 콘텐츠를 걸러내려 한다.

결국, 훈련 데이터의 품질이 들쭉날쭉한데도 대형언어모델이 강화학습을 통해 이렇게 훌륭한 답변을 해낸다니, 정말 놀랍지 않은가!

# IDEA 6

## 믿음에 대한 추론

　이제 AI 시스템 구축에 사용되는 마지막 여섯 번째 개념까지 왔다. 세상은 불확실하다. 따라서 AI 시스템은 세상과 상호작용할 때 이런 불확실성을 다룰 수 있어야 한다. 자율주행 자동차는 지금 이 순간 추월하는 것이 안전하다고 어떻게 확신할 수 있을까? 컴퓨터 시가 알고리즘은 이 엑스선 사진을 보고 암이 없을 확률을 어떻게 평가할 수 있을까? 지금 들어온 이메일이 스팸일 가능성은 얼마나 될까?

　다행히 250년 전에 영국 켄트주 턴브리지 웰즈 출신의 장로교 목사 토머스 베이즈Thomas Bayes가 이런 불확실성에 대처하는 원칙적인 방법을 제안했다. 특히 그는 컴퓨터가 확률을 우아하게 계산할 수 있게 해줄 정리를 유도했다. 단순한 사례를 통해 베이즈 정리Bayes' theorem의 막강한 힘을 확인할 수 있을 것이다.

이 사례는 조금 전문적이지만 분명 읽어볼 가치가 있다. 당신도 충분히 이해할 수 있는 내용이다. 이제 AI의 역사에서 끝자락까지 왔으니 당신도 이제 사실상 AI 전문가나 다름없다. 생각해보라. 두 페이지만 읽고 나면 자신이 제1원리를 통해 베이즈 정리를 직접 유도했다고 자랑할 수도 있을 것이다. 그러니 나와 끝까지 함께해주기를 바란다.

사람들이 기침하는 것을 보고 코로나 감염을 찾아내는 탐지기를 만든다고 해보자. 당신은 신경망을 훈련시켜 이것을 만들기로 했다. 당신은 AI에 관한 책을 몇 권 읽어본 후에 트랜스포머 모델을 이용해서 코로나 감염과 관련된 나쁜 기침을 식별하게 만들었다. 만들어보니 일단 잘 작동하는 것 같다. 하지만 확신할 수 있을까? 여기서 베이즈 정리가 도움이 될 수 있다. 당신은 코로나 탐지기의 정확도를 계산하고 싶다. 즉 탐지기에 의심스러운 기침으로 나왔을 때(증거) 그 사람이 코로나에 걸렸을 확률(당신의 가설)을 계산하고 싶다. 이것을 기호로 나타내면 다음과 같다.

prob(코로나 감염 | 의심스러운 기침)

이것은 '의심스러운 기침'을 할 때(세로 막대 |) 그 사람이 '코로나 감염'일 확률'prob'ability'을 말한다.

이런 조건부 확률을 직접 계산하기는 쉽지 않다. 탐지기에 수천 개의 오디오 파일을 제공한 후에, 의심스러운 기침으로 표시된 수십 명의 사람들이 실제로 코로나에 걸렸는지 임상으로 확인해야 한다. 그리고 탐지기를 업데이트할 때마다 이 과정을 수동으로 일일이 다 힘들게 계산해야 한다.

다행히도 베이즈 목사가 더 나은 방법을 알려주었다. 당신이 더 쉽게 계산할 수 있는 다른 관련 확률 세 가지가 있다. 이것을 이용하면 탐지기의 정확도를 더 정확하게 계산할 수 있다. 먼저 조건부 확률을 뒤집어서, 코로나에 걸린 사람이 탐지기에 의심스러운 기침으로 나올 확률을 계산한다. 즉 다음의 확률을 구한다.

prob(의심스러운 기침 | 코로나 감염)

비슷해 보이지만 사실 이쪽이 계산하기가 훨씬 쉽다. 코로나에 감염된 훨씬 적은 수의 사람만 고려하면 되니 말이다. 코로나에 감염된 사람들을 탐지기로 검사하고 의심스러운 기침을 하는 사람의 숫자를 세서 그 비율이 얼마나 되는지 확인하면 된다. 예를 들어 코로나 감염자의 95퍼센트가 의심스러운 기침을 하는 것으로 탐지기에 나왔다고 해보자. 그럼 prob(의심스러운 기침 | 코로나 감염)=0.95가

된다.

두 번째로는 가설의 확률을 계산한다. 즉, 더 큰 인구집단 안에서 한 사람이 코로나에 감염되었을 확률을 계산하는 것이다. 이것 역시 과거의 데이터만 주어지면 계산하기 쉽다. 이것은 탐지기에 의존하지 않으므로 탐지기를 업데이트할 때마다 새로 계산할 필요가 없다. 예를 들어 하수도 폐수 분석을 통해 간접적으로 계산할 수 있다. 이 확률을 기호로 나타내면 다음과 같다.

prob(코로나 감염)

전체 인구의 2퍼센트가 현재 코로나에 감염되었다고 해보자. 그럼 prob(코로나 감염)=0.02가 된다.

세 번째로 증거의 확률을 계산한다. 즉 탐지기에서 의심스러운 기침으로 나올 확률을 계산하는 것이다. 탐지기에 수천 개의 오디오 파일을 제공하고 그중 의심스러운 기침의 비율이 얼마나 되는지만 계산하면 간단하게 나온다. 이들이 실제로 코로나에 감염되었는지 신경 쓸 필요가 없다. 이 확률을 기호로 나타내면 다음과 같다.

prob(의심스러운 기침)

탐지기의 거짓 양성 비율(false positive rate, 의심스러운 기침을 한다고 나오지만 실제로는 코로나에 감염되지 않은 사람의 비율)을 안다면 이것을 측정할 필요 없이 직접 계산할 수 있다.

거짓 양성 비율이 5퍼센트라고 해보자. 즉, 코로나에 감염되지 않은 사람 중 5퍼센트가 탐지기에서는 의심스러운 기침을 한다고 잘못 식별되는 경우다. 한 사람이 의심스러운 기침을 하는 것으로 나올 확률, 즉 prob(의심스러운 기침)은 두 부분으로 나누어 계산할 수 있다. 첫째, 표본 인구의 2퍼센트가 코로나에 감염되어 있고, 탐지기에서는 그중 95퍼센트가 의심스러운 기침을 한다고 올바르게 식별한다. 둘째, 전체 인구 중 98퍼센트는 코로나에 감염되지 않았다. 그런데 탐지기는 그중 5퍼센트가 의심스러운 기침을 한다고 잘못 식별한다. 따라서 정확하든 부정확하든 의심스러운 기침을 한다고 나오는 사람의 비율은 (0.02×0.95)+(0.98×0.05)=0.068이 나온다. 즉 전체 인구 중 6.8퍼센트가 탐지기에 의심스러운 기침을 하는 것으로 식별된다. 따라서 prob(의심스러운 기침)=0.068이다.

이제 세 가지 확률을 이용해서 탐지기의 정확도를 계산할 수 있다. 이것은 베이즈가 발견한 네 가지 확률 간의 아름다운 관계 덕분이다. 이것은 워낙 단순한 개념이라서 여기서 제1원칙으로부터 공식적으로 유도할 수 있다.

1,000명을 대상으로 탐지기를 시험한다고 가정하자. 전체 인구 중 2퍼센트는 코로나에 감염되었기 때문에, 즉 prob(코로나 감염)=0.02이기 때문에 1,000명 중 20명은 코로나에 감염되었을 것이

다. 그리고 탐지기가 완벽하지 않아서 코로나에 감염된 이 20명 중 95퍼센트만 탐지기가 의심스러운 기침으로 구분하리라는 것도 알고 있다. 즉 prob(의심스러운 기침 | 코로나 감염)=0.95다. 20명의 95퍼센트는 19명이다. 따라서 탐지기는 코로나에 감염된 20명 중 19명만 의심스러운 기침을 한다고 표시할 것이다.

우리는 전체 사람 중 0.68퍼센트가 탐지기에서 의심스러운 기침으로 표시된다는 사실을 안다. 즉 prob(의심스러운 기침)=0.068이다. 따라서 검사한 1,000명 중 68명은 의심스러운 기침으로 표시될 것이다. 하지만 방금 전 계산에서 의심스러운 기침으로 나온 사람 중 19명만 실제로 코로나에 감염된 것으로 나왔다. 따라서 의심스러운 감기로 나온 사람 중 실제로 코로나에 걸린 사람의 비율은 19/68=0.279가 된다. 결과적으로 탐지기에 의심스러운 기침이라고 표시된 사람 중 불과 27.9퍼센트만 실제로 코로나에 감염됐다는 의미다.

사실 1,000명이라는 숫자는 중요하지 않다. 1만 명, 10만 명을 대상으로 해도 같은 결과가 나올 것이다. 베이즈 정리는 이 추론을 수식으로 체계화시켜 네 가지 확률이 단순하고 아름다운 방정식으로 서로 관련되어 있음을 말해준다.

prob(코로나 감염 | 의심스러운 기침)
=prob(의심스러운 기침 | 코로나 감염)×prob(코로나 감염)/prob(의심스러운 기침)

=0.95×0.02/0.068

=0.279

따라서 우리의 탐지기는 코로나에 걸린 사람 중 95퍼센트가 의심스러운 기침을 한다고 올바르게 식별하지만, 무작위로 검사할 때 탐지기가 의심스럽다고 식별한 사람이 실제로 코로나에 감염되었을 가능성은 27.9퍼센트에 불과하다. 달리 말하자면, 탐지기에 누군가가 의심스러운 기침으로 표시되어도 사실은 코로나에 감염되지 않은 경우가 대부분이라는 뜻이다. 아무래도 우리 탐지기가 그리 신통치 못한 것 같다!

문제는 대다수 사람이 코로나에 감염되지 않았다는 사실이다. 그래서 무작위로 사람들을 검사하면 꽤 정확한 기침 탐지기도 거짓 양성을 무더기로 짚어낼 가능성이 높다. 이런 베이즈식 추론 과정은 AI 코로나 탐지기의 결과를 해석할 때만 중요한 것이 아니다. 이것은 음성인식에서 영화 추천에 이르기까지 다양한 AI 시스템에도 사용할 수 있다. 실제로 베이즈 정리는 너무도 중요한 구성요소이기 때문에 피타고라스 정리가 기하학에서 차지하는 위치를 확률론에서는 베이즈 정리가 차지하고 있다는 말도 나온다.[1] 그리고 이것은 수많은 AI 시스템에서 확률을 계산하는 필수적인 도구로 자리 잡았다. 그래서 오늘날의 AI에서 핵심적인 여섯 번째 개념은 다음과 같다. "베이즈 정리를 사용하면 사건의 증거가 주어졌을 때 그 사건이 일어날 확률을 계산할 수 있다."

오늘날 베이즈 정리는 다양한 분야에서 응용되고 있다. 예전보다 스팸 메일이 적어진 이유도 이 덕분이다. 당신의 이메일 필터는 베이즈 정리를 이용해서 새로 도착한 이메일이 스팸 메일일 가능성을 계산한다. 넷플릭스의 추천 엔진도 베이즈 정리를 이용해서 당신이 특정 영화를 좋아할 확률을 계산한다. 그리고 그 예측은 꽤 정확하다. 사람들이 넷플릭스에서 보는 영화 다섯 편 중 네 편은 그 영화를 보기 위해 로그인 후 직접 검색한 영화가 아니라 넷플릭스 시스템이 추천해준 영화다.[2] 그리고 1970년대에 미 해군에서는 베이즈 정리를 이용해서 소련의 핵 잠수함이 선택할 가능성이 가장 높은 경로를 계산했다.

토머스 베이즈 목사

안타깝게도 이런 중요한 개념을 생각해낸 수학의 대가에 대해서는 알려진 바가 거의 없다. 토머스 베이즈 목사는 1701년이나 1702년에 아마도 하트퍼스셔에서 태어난 것으로 보인다. 에든버러 대학교에서 논리학과 신학을 공부한 후에 장로교 목사가 되었다. 1761년에 사망하기까지 생전에 발표한 글은 단 두 편으로, 신학 논문 그리고 뉴턴의 미적분학을 옹호하는 글이었다. 그의 확률 연구는 사망 2년 후에 수학자이자 동료 신학자인 리처드 프라이스Richard Price가 발표했다. 프라이스 자신도 신학, 금융, 경제, 확률론, 생명보험에 대한 중요한 개념을 만드는 데 기여해서 '역대 최고의 웨일스 사상가'라 평가받고 있다.[3] 베이즈는 그에 비해 남긴 업적은 훨씬 적지만, 확률 계산에 대한 개념 하나만으로 역사상 가장 영향력이 큰 수학자 중 한 명으로 남았다.

## 여기가 어디지?

이제 닭이 먼저냐, 계란이 먼저냐 하는 문제를 만나보자. 이것은 베이즈의 개념을 얼마나 폭넓게 적용할 수 있는지 보여주는 훌륭한 사례로, 동시적 위치 추정 및 지도화simultaneous localisation and mapping라는 이름으로 통하는 AI 기술이다. 이 분야의 사람들은 모두 SLAM이라고 부른다.

무인 자동차 기업 웨이모에서 자율주행 자동차를 만들고 싶어 한다고 해보자. 자동차 꼭대기에는 값비싼 라이다 센서를 부착한다(라이다는 레이더의 빛 버전이다. 회전하면서 쏘는 레이저 빛이 물체에 반사되어 돌아오기까지 걸린 시간을 통해, 물체까지의 거리를 측정한다). 그리고 라이다 및 다른 센서에서 수집한 데이터를 이용해 두 가지 일을 한다. 하나는 세상의 지도를 만들어 GPS 지도에서는 찾을 수 없는 장애물, 이를테면 보행자와 자전거 타는 사람 등의 위치를 파악하는 것이고, 다른 하나는 자동차가 변화하는 세상 속에서 정확히 어디에 있는지 파악하는 것이다.

여기서 닭이 먼저냐, 계란이 먼저냐 하는 특별한 문제와 부딪히게 된다. 최신 지도가 없으면 자신의 위치를 파악할 수 없다. 하지만 자신과 센서의 위치를 정확히 알지 못하면 최신 지도를 작성할 수 없다. 따라서 어떻게든 이 두 가지 일을 동시에 해내야 한다. 그리고 SLAM이 이 닭과 계란의 문제를 해결할 수 있다. SLAM은 베이즈의 개념을 이용해서 자동차와 세상 지도 속 사물들의 위치를 동시에 업데이트한다.

사실 어쩌면 AI 연구자들이 뜻하지 않게 인간 뇌의 일부를 재현하고 있는 것인지도 모른다. 인간의 뇌에서 공간 추론과 기억을 담당하는 영역인 해마가 SLAM과 비슷한 계산을 수행한다는 증거가 있다.

자율주행 자동차는 고해상도 지도와 GPS에 크게 의존한다. 하지만 GPS만으로는 한계가 있다. 지도는 항상 현실보다 느리기 마련이다. 그리고 터널에 들어가거나 도시의 고층 빌딩 사이로 들어가면 GPS 신호가 차단될 수도 있고 보행인, 자전거, 다른 자동차 등의 장애물은 지도에는 안 나오지만 반드시 피해야 할 대상이다. 따라서 자율주행 자동차는 자신의 환경에 대해 직접 지도를 작성할 수 있어야 한다.

2005년, 운전자 없이 모하비 사막을 횡단하는 200만 달러짜리 상금이 걸린 DARPA 챌린지에서 우승한 자율주행 자동차 스탠리는 SLAM을 이용해서 자신의 위치를 파악하고 주변 지도를 작성했다. 스탠리는 라이다, GPS, 카메라, 자이로스코프 등 다양한 센서를 통해 데이터를 수집함으로써 정확도 4~5센티미터 이내의 고정밀 3D 지도를 생성할 수 있었다.

스탠리 같은 자율주행 자동차는 언젠가 교통사고 사망자 수를 극적으로 줄이고, 에너지 소비량을 줄이고, 혼잡한 도로에 자동차들을 더 촘촘히 배치하고, 통근자들이 더 생산적이고 재미있는 활동에 몰두할 수 있는 시간을 제공하고 어린이, 노인, 장애인 등 현재는 이동에 제한이 있는 사람들에게 이동성을 제공하게 될 것이다. 그렇다면 완전 자율수행 자동차를 민드는 데 왜 이렇게 시간이 오래 걸리는 것일까? 미국자동차공학회Society of Automotive Engineers에서는 자율성의 수준을 5단계로 나누었다. 지율성이 아예 없는 경우까지 치면 6난세나!

- **0단계(자율성 없음)**: 자동차에 자동비상제동 같은 기능이 있어도, 인간이 모든 것을 통제한다.
- **1단계(운전자 보조)**: 자동차가 주행 환경에 대한 정보를 이용해서 조향, 가속/감속 등을 보조할 수 있다. 하지만 대부분의 작업은 여전히 인간이 책임진다.
- **2단계(부분 자동화)**: 자동차가 조향, 가속/감속을 모두 통제할 수 있지만 인간이 항상 관여하면서 주행 환경을 감시해야 한다.
- **3단계(조건부 자동화)**: 자동차가 특정 조건에서는 주행의 모든 면을 처리할 수 있지만, 시스템이 요구할 때는 인간이 언제든 개입할 준비를 하고 있어야 한다.
- **4단계(고도 자동화)**: 자동차가 모든 주행 작업을 수행할 수 있지만, 특정 조건이나 환경에서만 가능하다. 특정한 시나리오에서는 인간이 개입할 필요가 없지만, 다른 시나리오에서는 필요할 수 있다.
- **5단계(완전 자동화)**: 자동차가 모든 조건에서 인간의 개입 없이 모든 주행 작업을 수행할 수 있다.

현재 판매되고 있는 가장 발전한 자율주행 자동차는 3단계와 4단계 사이 어디쯤에 위치하고 있다. 예를 들어 샌프란시스코와 미국의 몇몇 도시에서 시범운영 중인 자율주행 택시는 4단계에 해당한다. 하지만 일론 머스크의 거듭된 약속에도 불구하고 5단계인 완전 자동화에 도달하는 것은 여전히 어려운 과제로 남아 있다. 악천후, 예측할 수 없는 인간의 행동, 특이한 예외 상황 등 우리가 다루어야 할 요인이 많이 남아 있다.

볼보가 2017년 호주에 준자율주행 자동차를 도입했을 때 캥거루를 인식하지 못하는 것으로 유명했다. 이것은 잠재적 위험을 안고 있는 버그였다. 호주의 오지 도로에서 캥거루와 충돌해본 사람이라면 무슨 말인지 이해할 것이다. 이것은 SLAM 알고리즘이 위아래로 뛰어다니는 동물을 인식하고 추적할 수 있게 조정되어 있지 않아서 발생한 문제였다. 이 알고리즘은 걷고 달리는 대상만 인식할 수 있었다.

그런데 대중에게는 큰 걱정거리였지만 전문가들은 별로 심각하게 생각하지 않았던 문제가 또 하나 있었다. 바로 그 유명한 '트롤리 문제trolley problem'다. 자율주행 자동차가 모퉁이를 돌자마자 도로 한복판에서 엄마와 아이를 발견했다면? 차가 방향을 틀어 벽을 들이박고 탑승자가 죽어야 할까? 아니면 보행자가 치어 죽게 놔두어야 할까?

트롤리 문제는 살찐 남자를 트롤리가 지나가는 선로에 밀어넣는

> 트롤리 문제는 영국의 철학자 필리파 풋Philippa Foot이 도입한 철학적 딜레마로, 통제 불능 상태에 빠진 철도 트롤리의 상황을 다룬다. 트롤리가 달려가는 선로 앞쪽에 다섯 사람이 묶여 있다. 당신은 철도 레버 옆에 서 있다. 만약 당신이 레버를 당기면 트롤리는 곁길로 방향을 틀게 된다. 하지만 곁길 선로에도 한 사람이 묶여 있다. 당신에게는 두 가지 선택지가 있다. 아무것도 하시 않아 트롤리가 주 선로에 묶여 있는 다섯 명을 죽게 놔둘 것인가, 아니면 레

버를 당겨 곁길에 묶여 있는 한 명을 죽게 할 것인가? 당신이라면 어떻게 하겠는가?

버전, 여러 명의 생명을 살리기 위해 당사자 동의 없이 살아 있는 사람의 장기를 적출하는 버전 등 다양한 변형이 나와 있다. 요즘 철학자들은 장난스럽게 '트롤리학trolleyology'이라는 얘기를 꺼내기도 한다. 사실 풋이 트롤리 문제를 제안한 진짜 이유는 논란을 자극하지 않으면서 낙태를 둘러싼 윤리적 문제를 제기하기 위함이었다. 예를 들어 산모의 생명을 구하기 위해 태어나지 않은 아이를 죽이는 것은 어떤 경우에 합리적일까?

트롤리 문제는 철학자와 대중 모두의 상상력을 사로잡았을지 모르지만 자율주행 자동차의 설계와는 대체로 무관하다. 자동차는 이런 문제를 고려할 수 있을 정도로 세상을 잘 이해하지 못한다. 자율주행 자동차의 데모 영상을 보면 자동차 앞 도로에 초록색이 칠해져 있다. 이는 자동차가 장애물이 없어서 안전하게 주행할 수 있다고 판단한 영역을 나타낸다. 초록색 도로가 없는 경우 자동차는 최대한 세게 브레이크를 밟도록 프로그래밍되어 있다. 이게 전부다. 자율주행 자동차의 최상위 제어 루프는 다음과 같다.

초록색 도로가 있으면 주행하고

그렇지 않으면 최대한 세게 브레이크를 밟는다

나는 우리가 5단계 완전 자율주행을 가로막는 장애물 문제를 해결할 수 있으리라 상상한다. 자율주행 자동차는 인간이 운전하는 자동차에 비해 많은 장점을 가지고 있다. 이 자동차는 어둡거나 날씨가 흐릴 때도 세상의 지도를 작성할 수 있는 능동형 센서를 갖추고 있다. 이들은 생물학적 속도가 아니라 전자적 속도로 작동한다. 그리고 이들은 결코 피곤을 느끼지도, 산만해지지도, 술에 취하지도 않는다. 청소년이 운전을 할 수 있다면 컴퓨터도 운전할 수 있으리라는 점을 나는 거의 의심하지 않는다.

5단계 자율성에 도달하기까지 시간이 얼마나 걸릴지는 전문가들의 의견이 다양하게 갈린다. 낙관적인 사람은 5~10년 안에 가능하리라 생각하는 반면, 어떤 사람들은 수십 년이 걸릴지도 모른다고 믿는다. 인간이 발생시키는 피해와 비교할 때 AI가 발생시키는 피해에 우리가 얼마나 관용을 보일 수 있을지 여부도 그 시간에 영향을 미칠 것이다. 하지만 얼마나 오래 걸리든 간에 나는 언젠가 사람들이 지금을 회상하며 어떻게 사람에게 운전을 맡겨서 그런 난장판이 벌어지게 놔두었을까 놀라워하는 날이 오리라 기대한다. 그리고 그 점에서 우리는 토머스 베이즈 목사에게 감사해야 할 것이다.

THE
SHORTEST
HISTORY
OF AI

3부

미래

# AI의 달성

"지금 우리가 가진 것이 미래에도 그대로 있지는 않을 것입니다. AI 모델에 관한 한, 우리가 지금 가지고 있는 것은 우리가 목격했던 그 어느 기술보다도 빠른 속도로 발전할 것입니다. 모든 사람이 동의할 수 있는 것이 한 가지 있습니다. 우리가 빌어먹을 정도로 기묘한 시대에 살고 있다는 것이죠."

-스티븐 프라이Stephen Fry, 2023년 9월 CogX 페스티벌

이렇게 해서 현재에 이르렀다. 요즘에는 신문을 펼치면 AI가 우리 삶에 어떻게 스며들고 있는지 언급하지 않는 날이 없다. 그리고

뉴스 헤드라인을 보면 불안감을 조장하는 부정적인 내용, 심지어는 극단적으로 과장된 반응이 담겨 있는 경우가 많다.

물론 AI의 역사는 지금도 기록되고 있다. 현존하는 AI 시스템도 대단히 인상적이고 때로는 조금 걱정스럽지만, 그래도 풍부한 인간의 지능을 모두 따라잡겠다는 궁극적인 목표에 도달하려면 아직 갈 길이 멀다. 나는 앞으로 10년, 50년, 어쩌면 100년 안에 이런 목표를 달성하리라는 것을 추호도 의심하지 않는다. 그리고 일단 인간의 지능을 따라잡은 후에는 아마도 인간의 지능을 한참 넘어서게 될 것이다. 그게 불가능하다는 생각은 끔찍할 정도로 오만한 생각이다. 인간의 지능이 뭐가 그리 특별하다는 말인가? 그리고 체스, 엑스레이 판독, 터빈 고장 예측 등 일부 좁은 영역에서는 AI가 이미 인간의 수준을 뛰어넘었다.

기술이 파괴적으로 작용하리라는 위협이 이번이 처음은 아니다. 증기기관에서 전기에 이르기까지 다른 기술들도 이미 우리의 삶을 극적으로 바꾸었다. 기존의 기술들과 마찬가지로 AI도 우리가 태어나고, 살고, 일하고, 놀고, 죽는 방식 등 삶의 모든 측면을 뒤바꿀 것이다. 하지만 AI 혁명이 한 가지 측면에서는 차이가 있을 것이다. 바로 우리의 삶을 바꾸어놓는 속도다.

산업혁명이 펼쳐지는 데는 50년 이상의 세월이 걸렸다. 전기는 수십 년이 걸렸다. 심지어 인터넷도 자리를 잡는 데 10년 정도가 걸렸다. 사람들을 온라인으로 연결해주어야 했기 때문이다. AI 혁명은 다르다. 이번에는 기반 시설이 이미 마련되어 있다. 그냥 어떤 AI 서비스의 URL이나 API만 알면 바로 작업을 시작할 수 있다. AI에 투자되는 자금도 어마어마하다. 2024년에는 매일 인공지능에 미화 10억 달러 정도의 자금이 투자됐다. 기존에는 이런 막대한 규모의 투자를 본 적이 없다. 그리고 그 투자가 결실을 맺기 시작했다. 챗GPT를 출시하고 1년 만에 오픈AI는 수입이 전혀 없던 상태에서 연간 10억 달러 이상의 수익을 올렸고, 기업 가치는 약 1,000억 달러에 이르렀다.• 자본주의의 역사에서 이렇게 엄청난 성장은 전례가 없다. AI는 역사상 가장 큰 골드러시라 해도 과언이 아니다. 수익과 시장 가치라는 측면 모두에서 오픈AI는 지금까지 설립된 기업 중 가장 빠르게 성장한 회사다.

우리는 지금 기하급수적인 시대를 살고 있다. 컴퓨터는 1950년대 이후로 2년마다 성능이 두 배로 증가해왔다. 이것을 무어의 법칙이라고 한다. 머신러닝 같은 AI 기술에 필수적인 온라인 데이터의 양도 2년마다 그 양이 두 배로 증가해왔다. 최근 몇 년간은 트랜스포머 같은 알고리즘의 혁신에 힘입어 기본적인 AI 알고리즘들의 성능도 그와 비슷하게 두 배씩 향상되었다.

하지만 사람들의 입에 잘 오르내리지 않는 또 다른 기하급수적인

---

• 이렇게 수익이 놀라운 증가를 보이고 있음에도 오픈AI는 여전히 1년에 수십억 달러씩 손실을 보고 있다.

변화가 있다. 과학 그 자체다. AI만큼 이 사실이 분명하게 드러나는 분야도 없다. 2024년 AI 인덱스에 따르면 AI 분야에서 매년 발표되는 과학 출판물의 숫자가 지난 5년간 두 배로 증가했다.[1] 그리고 산업계의 AI 채택 증가를 반영하여 매년 신청되는 AI 특허 수(그리고 승인되는 AI 특허 수)가 현재 2년마다 두 배로 증가하고 있다. 따라서 현재 AI 시스템이 마주한 한계 중 상당수가 가까운 미래에는 해결될 것이라고 기대된다. 하지만 그렇다면 이런 의문이 당연히 뒤따라온다. 결국 이 모든 것이 향하고 있는 종착점은 어디일까?

## 특이점

AI의 대단히 매혹적인 종착점 중 하나는 기술적 특이점Singularity이다. 이 개념은 AI가 시작된 1950년대와 컴퓨팅의 아버지 중 한 명인 존 폰 노이만으로 거슬러 올라간다. 그는 이렇게 경고했다. "끊임없이 가속화되고 있는 기술의 진보와 인간 생활방식의 변화가 인류의 역사에서 어떤 본질적인 특이점에 접근하고 있는 것으로 보이며, 이 특이점을 넘어서면 우리가 알고 있는 인간사는 더 이상 지속될 수 없을 것이다."[2] 좀 더 최근에는 SF 저자인 버너 빈지Vernor Vinge와 미래학자 레이 커즈와일Ray Kurzweil, 철학자 닉 보스트롬Nick Bostrom 등에 의해 특이점이라는 개념이 대중화되었다.

AI 특이점이란 우리가 개발한 AI 시스템이 너무 똑똑해진 나머지 스스로를 재설계하면서 훨씬 더 똑똑해지는 지점을 말한다. 더 똑똑해진 새로운 AI 시스템은 또다시 자신을 재설계해서 훨씬 더 똑똑해질 수 있고, 그러다 보면 눈덩이 효과가 일어난다. 수천 년씩 걸리는 생물학적 진화와 달리 이런 재귀적인 성능 향상은 하룻밤 사이에도 일어날 수 있다. 그럼 인공지능이 순식간에 인간의 지능을 훌쩍 뛰어넘는 결과를 낳을 것이다.

하지만 어째서 이 시점을 지나면 '인간사'가 더 이어질 수 없다는 것일까? 우리가 더 이상 지구에서 가장 똑똑한 종이 아니라는 점이 문제다. 인류는 지능의 힘을 통해 지구를 지배하는 종이 됐다. 우리는 가장 빠르지도, 가장 강하지도 않았지만 가장 똑똑했다. 그리고 이 지능을 이용해서 협동을 가능하게 하는 언어를 발명하고, 근육의 힘을 증폭하는 도구를 만들었고, 이것을 통해 지구를 장악했다. 이제 우리보다 똑똑하지 못한 다른 종의 운명은 우리에게 달려 있다.

이와 마찬가지로 인공지능이 우리보다 더 똑똑하다면 인간의 운명이 이 기계들의 자비에 좌우될지도 모른다. 기계들이 우리에게 악의를 품어서 문제가 되는 것은 아니다. 우리는 집터 공사를 하다가 개미탑이 가로막고 있는 것을 발견하면 불도저로 밀어버린다. 우리가 개미에게 악의가 있어서가 아니다. 다만 개미의 운명을 신경 써야 할 만큼 우리에게 중요하지 않기 때문이다. 그리고 개미는 인간이 하는 일을 막을 수 없다. 그렇다면 인간보다 더 똑똑한 AI가 하는 일을 우리가 막을 수 있을까?

　다가오는 특이점에 대한 이런 걱정스러운 아이디어에 몇 가지 위안이 될 만한 생각을 전하고 싶다. 첫째, 우리는 벽에 부딪힐 수 있다. 여러 가지 물리 현상에는 근본적인 한계가 존재한다. 알베르트 아인슈타인은 결코 빛보다 빠른 속도로 가속할 수 없음을 보여주었다. 베르너 하이젠베르크는 양자 수준에서는 입자의 위치와 운동량 모두를 정확히 알 수 없음을 보여주었다. 어쩌면 지능에도 물리적 한계가 존재하지 않을까? 세상은 불확실한 곳이고, 이런 불확실성이 우리가 똑똑해지는 데 한계를 가한다. 아무리 똑똑해도 카지노에서 돈을 잘 따는 데는 한계가 있다. 사실 카지노에서 제일 똑똑한 선택은 거기서 빠져나오는 것일지도 모른다!

　둘째, 인간은 똑똑하기 때문에 똑똑함에 너무 많은 가치를 부여한다. 하지만 우리의 초능력은 지능이 아니라 사회에서 나왔다. 우리가 개인적으로 할 수 있는 것보다 더 많은 일을 할 수 있었던 이유는 한데 모여 집단으로 일할 수 있는 능력 덕분이었다. 물론 지능도 도움이 되었다. 지능이 없었다면 언어도 없었을 것이고, 언어가 없었다면 함께 그렇게 일을 잘할 수도 없었을 것이다. 우리가 효과적으로 일할 수 있었던 것은 문제를 세분하고 집단적으로 해결하는 능력 덕분이었다. 우리 대부분은 무인도에서 혼자 오래 버티지 못한다. 따라서 지능은 두려워할 대상이 아니다. 지능은 우리의 생존을 도와주는 존재다.

셋째, 우리보다 뛰어난 지능이 이미 존재하지만, 인간사가 끝장 나는 일은 없었다. 사실, 오히려 그 반대다. 오늘날 인간사가 이렇게 잘 진행되고 있는 이유는 바로 인간보다 뛰어난 지능 덕분이다. 이런 지능은 기업이나 정부 같은 인간의 기관에서 찾아볼 수 있다. 원자력 발전소를 건설하는 방법을 한 사람이 알지는 못한다. 하지만 웨스팅하우스Westinghouse나 제너럴일렉트릭 히타치General Electric Hitachi, 그리고 이들의 공급업체 같은 곳에서 일하는 사람들은 이런 지식을 알고 있다.

특이점은 분명 흥미로운 가능성이다. 그리고 우리는 기계가 우리의 지능을 뛰어넘을 수 있다는 가능성을 진지하게 받아들이고, 그로 인한 결과를 생각해보아야 한다. 하지만 이것이 AI가 초래할 가장 크고 시급한 위험은 아닐 것이다.

## 노동의 종말

시급한 위험 중 하나는 AI가 노동에 미칠 영향이다. 기술 발전에 의한 실업을 경고하며 AI가 일자리의 절반 정도를 날려버릴 수 있다는 자극적인 헤드라인이 심심찮게 등장하고 있다. 하지만 늘 그렇듯 현실은 그보다 훨씬 세밀한 양상을 띠며 전개될 가능성이 높다.

이 분야에서 제일 먼저 나온 상세한 연구 중 하나는 2013년 9월에 옥스퍼드 대학교의 옥스퍼드 마틴 스쿨Oxford Martin School에서 나왔다. 이 연구를 요약한 보고서에서는 미국의 일자리 중 47퍼센트가 자동화의 위험 아래 놓여 있다고 예측했다.[3] 그 후로 다른 국가를 상대로 한 비슷한 연구들에서도 대략 비슷한 결론에 도달했다. 지금은 옥스퍼드 보고서에 동의하기 어려운 부분이 많다. 하지만 그 결론을 받아들인다고 해도 우리 중 절반이 실업 상태에 놓일 거라고 결론 내리기 힘든 많은 이유가 존재한다.

첫째, 옥스퍼드 보고서는 그저 자동화에 취약한 일자리의 개수만 추정하고 있다. 하지만 이런 일자리 중에는 경제적, 사회적, 기술적 이유, 혹은 기타 이유로 자동화되기가 현실적으로 어려운 것이 많다. 예를 들어 요즘에는 항공기 조종사의 업무를 상당 부분 자동화할 수 있다. 실제로 대부분의 비행시간 동안 비행기 조종을 담당하는 것은 컴퓨터이다. 하지만 아무래도 조종사가 탑승하고 있어야 안심할 수 있기 때문에 비록 조종사가 하는 일이 대부분의 시간을 아이패드를 읽으며 앉아 있는 것밖에 없다 할지라도 사회에서는 계속 조종사 탑승을 요구할 것이다. 또 다른 사례를 살펴보자. 옥스퍼드 보고서에서는 자전거 수리 업무가 자동화될 가능성을 94퍼센트라고 추정했다. 하지만 이 업무를 자동화하는 것은 대단히 비용이 많이 들고 어려울 가능성이 높다. 그래서 경제적으로 타산이 맞지 않다. 그리고 아직까지 나는 자전거 수리 로봇을 만들겠다는 로봇공학자를 한 번도 만나본 적이 없다.

둘째, 기술이 새로 창출할 일자리도 생각해보아야 한다. 예를 들어 이제는 활자를 조판하는 사람을 대량으로 고용하지 않는다. 하지만 웹페이지 제작 등과 관련된 디지털 영역에서 훨씬 더 많은 사람을 고용하고 있다. 물론 당신이 인쇄업자이고 당신의 일이 기계로 대체될 것이라면, 새로운 산업에서 일자리를 구할 수 있도록 적절한 교육을 받는 것이 좋을 것이다.

셋째, 이런 일자리 중 일부는 부분적으로만 자동화될 것이며 사실 자동화는 그 일을 하는 우리의 능력을 강화시킬 것이다. 일례로 옥스퍼드 보고서에서는 지구과학자의 업무가 자동화될 가능성이 63퍼센트라고 보고했다. 하지만 자동화는 오히려 지구과학자들이 지구과학을 더 많이 연구할 수 있게 해줄 가능성이 높다. 실제로 미국 노동부는 줄어들고 있는 지구의 자원을 더 잘 활용하는 방법을 찾고 있기 때문에 추후 10년 동안 지구과학자의 수가 10퍼센트 증가하리라 예상하고 있다.

넷째, 앞으로 수십 년 동안 주당 노동 시간이 어떻게 변할지도 고려할 필요가 있다. 대다수의 선진국에서는 산업혁명 이후로 주간 노동 시간이 현저히 줄어들었다. 미국에서는 평균 주당 노동 시간이 60시간 정도에서 지금은 불과 33시간으로 줄어들었다. 다른 선진국은 훨씬 더 적다. 독일 노동자들은 한 주에 26시간만 일한다. 이런 추세가 계속 이어진다면 줄어든 노동 시간을 대체하기 위해 더 많은 일자리를 창출해야 할 수도 있다.

사람들은 주말이 산업혁명의 발명품이라는 사실을 잊고 있다. 노동자들은 교회에 가야 한다며 일요일을 휴일로 지정할 것을 요구했고, 그다음에는 휴식을 위해서 토요일도 휴일로 지정해달라고 요구했다. 하지만 알 수 없는 이유로 우리는 더 이상의 휴일을 요구하지 않게 됐다. 한편, 전 세계적으로 주4일 근무제에 대한 다양한 연구가 진행되고 있다. 이 연구들에 따르면 주4일 근무와 주5일 근무 모두 생산성이 동일한 것으로 나타난다. 생산성이 같으니 동일한 급여를 지급할 수 있고, 사람들은 더 행복해질 것이다. 누가 상상이나 했겠는가?

다섯째, 우리는 변화하는 인구 구조를 고려해야 한다. 대부분의 선진국은 인구가 노령화되고 있다. 은퇴한 사람들은 늘어나고, 그들을 부양해야 할 생산 연령 인구는 점점 줄어들고 있다. AI에 의해 향상된 생산성이 우리의 경제를 지탱하고 은퇴자들에게 연금을 제공하는 데 도움이 될지도 모른다.

그렇다면 우리 중 얼마나 많은 사람이 실제로 AI 때문에 실업 상태가 될지 확실히 예측하기가 쉽지는 않지만 인구의 절반이 실업자가 될 가능성은 낮다. 실업률이 50퍼센트에 도달하기 한참 전에 먼저 현재의 사회 구조가 붕괴할 것이다. 그럼에도 AI는 일자리에 막대한 영향을 미칠 것이며, 우리는 지금부터 이러한 혼란에 대비해서 완화 계획을 세워야 한다.

마지막으로 일자리가 대체될 수는 있겠지만, 오늘날 제대로 된 인정과 보상 없이 이루어지고 있는 일이 많다. 예를 들면 노인, 아이, 장애인을 돌보는 데 들어가는 시간에 대해서는 제대로 된 보상이 이루어지지 않고 있다. 이런 일들은 대체로 여성들이 맡는 편인데, AI를 통해 상당한 생산성 향상이 이루어진 미래에는 이런 일에도 보상을 해줄 수 있는 여력이 생길지도 모른다. 그건 정말 멋진 미래가 될 것이다!

## 미래의 도전 과제

우리가 지금 걱정해야 할 문제가 노동의 미래만은 아니다. AI가 미칠 다른 많은 영향이 존재한다. 인공지능 같은 강력한 기술은 양날의 검이다. 거기에는 의료와 교육의 혁신 같은 다양한 이점이 따라오지만 여러 위험도 함께 따른다.

2023년 8월에 영국 하원의 과학, 혁신 및 기술 위원회Science, Innovation and Technology Committee는 AI가 제기하는 가장 중요한 도전과제들을 잘 파악해서 제시했다.[4]

- **편향 문제**: 인공지능이 사회에서 수용할 수 없는 편향을 만들어내거나 영속시킬 수 있다.
- **개인 정보 침해 문제**: AI가 대중이 예상하는 수준 이상으로 개인을 식별하

거나 개인 정보를 제공할 수 있다.

- **허위표현 문제:** AI가 사람의 행동, 의견, 성격을 잘못 표현하는 콘텐츠를 생성할 수 있으며, 기후나 정치 관련 중요한 사안에 대해서 부정확한 정보를 생성할 수 있다.
- **데이터 접근 문제:** 가장 강력한 AI 시스템을 만들기 위해서는 아주 대규모의 데이트세트에 접근할 수 있어야 하는데, 이런 데이터세트는 소수의 기관만 보유하고 있다.
- **연산능력 접근 문제:** 가장 강력한 AI 시스템을 만들기 위해서는 막대한 양의 연산 자원에 접근할 수 있어야 하는데, 이는 소수의 기관만 이용할 수 있다.
- **블랙박스 문제:** AI 모델이 특정 결과를 도출한 이유를 설명할 수 없는 경우가 많다.
- **오픈소스 문제:** AI 코드를 공개하면 투명성과 혁신을 촉진할 수 있지만, 악의적인 자들이 이것을 이용해 피해를 양산할 수도 있다. 코드를 독점하면 이를 방지할 수 있지만, 시장 권력이 일부에게 집중될 수 있다.
- **지적 재산권 및 저작권 문제:** 대형 AI 모델은 저작권이 있는 콘텐츠를 소유자의 동의나 보상 없이 훈련에 사용하는 경우가 많다. 이 경우, 그 결과물의 소유권이 누구에게 있는지 불확실해진다.
- **책임 문제:** AI 모델이 제3자에게 이용되어 피해가 발생했을 때 누가 책임져야 할지 분명히 정립해야 한다.
- **고용 문제:** AI는 현재 사람들이 종사하고 있는 일자리와 향후 종사할 수 있는 일자리에 혼란을 초래할 것이다. 우리는 이런 혼란을 신중히 관리해야

한다.
- **국제 협력 문제:** AI는 전 세계적으로 개발되고 있기에 이를 규제하는 관리 체계를 마련하기 위해서는 국제적인 협력이 필요하다.
- **존재론적 문제:** AI가 인간 자체에 위협이 될 수도 있다.

꽤 걱정스러운 도전과제 목록이다. 이것도 모두 철저하게 살펴본 것이 아니다. AI가 제기하는 다른 도전 과제들도 생각할 수 있다. 대규모 AI 모델이 이산화탄소를 만들어내고 냉각수를 소비하는 환경 문제, AI가 전 세계 곳곳에서 유권자들에게 영향을 미치고 선거를 혼란에 빠뜨리는 데 남용되는 민주주의 문제도 생각할 수 있다. 그리고 이런 미래의 도전 과제들은 대부분 현재의 문제이기도 하다. 예를 들어 미국에서는 오픈AI 같은 회사를 상대로 여러 건의 지적 재산권 및 저작권 집단 소송이 진행 중이다. 기술 회사들이 동의나 보상 없이 방대한 양의 저작권 자료를 사용해서 대형언어모델을 훈련시키는 것이 정당한 일일까? 그런 식으로 사용하는 것이 공정할까?

이러한 법적 소송이 어떻게 전개될지 예측하기는 불가능하다. 판례 마련에 도움이 될 수 있는 기존의 소송 판결들은 서로 엇갈렸다. 2013년에 구글은 미국 작가 조합American Authors Guild에서 제기한 소송에서 승소했다. 이 판결에서는 구글 북스Google Books에서 수백만 건의 텍스트를 스캔하고 요약하는 것을 공정한 사용으로 인정했다. 반면 냅스터Napster는 서작권 침해에 관한 여러 소송에서 패소한 후 2001

년에 운영을 중단했다. 저작권 침해 자료 중 99.4퍼센트를 식별해서 차단했음에도 불구하고 나온 결과였다.

어쨌든 한 가지는 분명하다. 앞길이 분명 순탄치는 않으리라는 것이다.

사람들이 나에게 AI가 제기하는 도전 과제에 대해 낙관적인지 비관적인지 물어보면, 나는 둘 다라고 대답한다. 낙관적인 이유는 AI가 궁극적으로는 커다란 혜택을 줄 것이기 때문이다. 하지만 단기적으로는 비관적이다. 슬픈 일이지만 우리의 자녀 세대는 여러 가지 문제로 인해 우리가 태어난 세상보다 나빠진 세상을 물려받게 될 것이다. 그 문제들 중에는 기술 발전으로 인한 실업, 우리에게 지금 가장 필요한 주요 제도에 대한 불신 등 AI에 의해 초래된 문제도 포함되어 있다.

이후 10년에서 20년 정도는 도전의 시기가 될 것이다. AI와 같은 기술은 이런 문제들을 해결하는 데 도움이 될 수 있다. 하지만 AI를 유용하게 사용하려면 역사를 통해 교훈을 얻어야 한다. 예를 들어 소셜미디어는 기술이 어떤 식으로 우리의 삶을 혼란에 빠뜨리는지를 보여주는 경고가 되었어야 했다. 이제 우리는 AI를 통해 이런 혼란을 한층 더 가속화하려 하고 있다. 그렇다면 우리는 과거의 교훈으로부터 배워야 한다.

AI의 역사를 다룬 이 책이 좋은 출발점이 될 수 있지 않을까?

### 감사의 글

책 한 권을 쓰는 데는 많은 사람의 노력이 필요합니다. 그래서 이 책이 존재하는 데 없어서는 안 될 사람들에게 감사의 인사를 전하고 싶습니다. 먼저 모리 슈워츠와 블랙 팀에게 감사를 전합니다. 이 책을 의뢰한 이들이 부디 그 결정을 후회하지 않기를 바랍니다. 저는 이 책을 쓰는 과정이 무척 즐거웠으니, 그것을 좋은 징조라 받아들이려고 합니다.

시드니 뉴사우스웨일스 대학교, CSIRO Data61, 그리고 다른 곳에서 함께한 동료들, 특히 제 박사 과정 학생들, 박사후 연구원들, 공동 연구자들에게 감사드립니다. 그들은 제가 AI에 대한 꿈을 계속 탐구할 수 있도록 자극이 되는 환경을 제공해주고 있습니다.

저의 편집자인 조 로젠버그에게 감사드립니다. 그녀가 불필요한 텍스트를 삭제해서 더 나은 책을 만들어내는 것을 볼 때마다 놀랍니다.

저의 문학 에이전트 마거릿 지에게도 감사드립니다.

저의 공개 강연을 전문가다운 솜씨로 관리하고, 책에서 제기된 중요한 대화를 이어갈 수 있게 해주는 강연 에이전트 나디아 페트릭에게도 감사드립니다. http://tobywalsh.ai를 통해 그녀에게 연락할 수 있습니다.

하지만 누구보다도 제 가족에게 감사하고 싶습니다. 제가 또 한 권의 책을 쓸 수 있도록 아낌없이 시간을 내어주었습니다. 가족은 저의 전부입니다.

## 참고문헌

### 프롤로그_AI의 시작

1. Nestor Maslej et al., 2024, Artificial Intelligence Index Report 2024, Stanford: Institute for Human-Centered AI, Stanford University.
2. Arthur L. Samuel, 1962, "Artificial Intelligence: A Frontier of Automation", The Annals of the American Academy of Political and Social Science 340 (1), pp. 10–20.
3. A.M. Turing, 1950, "Computing Machinery and Intelligence", Mind 59 (236), pp. 433–60.
4. Ada Lovelace, 1843, "Note A. Sketch of the Analytical Engine Invented by Charles Babbage, Esq. By L.F. Menabrea of Turin, Officer of the Military Engineers", Scientific Memoirs 3.
5. Ada Lovelace, 1843, "Note G. Sketch of the Analytical Engine Invented by Charles Babbage, Esq. By L.F. Menabrea of Turin, Officer of the Military Engineers", Scientific Memoirs 3.
6. Thomas Hobbes, 1655, De Corpore, in The Collected Works of Thomas Hobbes, edited by Sir William Molesworth, London: Routledge Themes Press, 1992.

## 1부 기호의 시대

### 1장. 아이디어 1_ 해답을 탐색하기

1. John Searle, 1999, "The Chinese Room", in The MIT Encyclopedia of the Cognitive Sciences, edited by R.A. Wilson and F. Keil, Cambridge, MA: MIT Press.
2. P.E. Hart, N.J. Nilsson and B. Raphael, 1968, "A Formal Basis for the Heuristic Determination of Minimum Cost Paths", IEEE Transactions on Systems Science and Cybernetics 4 (2), pp. 100–7.
3. Herbert A. Simon, 1947, Administrative Behavior: A Study of Decision-Making Processes in Administrative Organization, New York : Macmillan, p. 82.
4. Pamela Mc Corduck, 2004, Machines Who Think, 2nd ed., Natick: A.K. Peters, Ltd.
5. Quoted in Daniel Crevier, 1993, AI : The Tumultuous Search for Artificial Intelligence, New York: Basic Books.
6. Richard E. Fikes and Nils J. Nilsson, 1971, "STRIPS: A New Approach to the

Application of Theorem Proving to Problem Solving", *Artificial Intelligence* 2 (3–4), pp. 189–208.

## 2장. 아이디어 2_ 최고의 수를 두기

1. Gereld L. Tawney and Willard A. Derr, "Machine to Play Game of Nim", U.S. Patent Number 2,215,544.
2. Garry Kasparov, 1996, "The Day That I Sensed a New Kind of Intelligence", *Time*, March 25.
3. *San Francisco Chronicle*, 1990, "Robot Whips Backgammon Champ", 17 July, p. 1.
4. J. Schaeffer et al., 2007, "Checkers Is Solved", *Science* 317 (5844), pp. 1518–22.
5. References to these perfect solutions:
   Nim: C.L. Bouton, 1901–02, "Nim, A Gamewith a Complete Mathematical Theory", *Annals of Mathematics* 3 (14), pp. 35–39.
   Connect 4: "John's Connect FourPlayground", John Tromp, accessed August 2024, https://tromp.github.io/c4/c4.html.
   Othello: Hiroki Takizawa, 2024, "OthelloIs Solved", arXiv, 2 January, https://arxiv.org/abs/2310.19387.
   Tic-Tac-Toe: "Complete Map of Optimal Tic-Tac-Toe Positions", XKCD, accessed August 2024, https://xkcd.com/832.
6. Cade Metz, 2017, "Artificial Intelligence Is About to Conquer Poker – But Not Without Human Help", *Wired*, January 24.
7. Malcolm Gladwell, 2008, *Outliers : The Story of Success*, New York : Little, Brown and Co.

## 인터미션_ 로봇이 온다

1. Hans Moravec, 1988, *Mind Children: The Future of Robot and Human Intelligence*, Cambridge, MA:Harvard University Press, p. 15.
2. Steven Pinker, 1994, *The Language Instinct: How the Mind Creates Language*, New York: Harper Collins.
3. "Unimate Robot", YouTube, accessed August 2024, https://tinyurl.com/UnimateRobot.

## 2부 학습의 시대

### 4장. 아이디어 4_ 인공두뇌에 관하여

1. "New Navy Device Learns by Doing", New York Times, 9 July 1958.
2. Quoted in Melanie Lefkowitz, 2019, "Professor's Perceptron Paved the Way for AI – 60 Years Too Soon", Cornell Chronicle, 25 September.
3. Jürgen Schmidhuber, 2012, "Multi-Column Deep Neural Networks for Image Classification", in Proceedings of the 2012 IEEE Conference on Computer Vision and Pattern Recognition, Washington, D.C.: IEEE Computer Society, pp. 3642–49.
4. Ashish Vaswani et al, 2017, "Attention Is All you Need", NIPS '17 Advances in Neural Information Processing Systems 30, pp. 6000–10.
5. Tolga Bolukbasi et al., 2016, "Man Is to Computer Programmer as Woman Is to Homemaker? Debiasing Word Embeddings", Proceedings of the 30th International Conference on Neural Information Processing Systems (NIPS 2016), pp. 4356–64.
6. Jacob Devlin et al., 2019, "BERT: Pre-Training of Deep Bidirectional Transformers for Language Understanding", in Proceedings of the 2019 Conference of the North American Chapter of the Association for Computational Linguistics: Human Language Technologies, Minneapolis: Association for Computational Linguistics, pp.4171–86.

### 5장. 아이디어 5_ 성공에 대한 보상

1. European Molecular Biology Laboratory's European Bioinformatics Institute, 2023, EMBL- EBI Highlights, available online.

### 6장. 아이디어 6_ 믿음에 대한 추론

1. Harold Jeffreys, 1973, Scientific Inference, 3rd ed., Cambridge: Cambridge University Press, p. 31.
2. Libby Plummer, 2017, "This Is How Netflix's Top- Secret Recommendation System Works", Wired, August 22.
3. John Davies, 1990, A Historyof Wales, London: Penguin.

## 3부 미래

**AI의 달성**

1. Maslej et al., Artificial Intelligence Index Report 2024.
2. Stanislaw Ulam, 1958, "Tribute to John von Neumann", Bulletin of the American Mathematical Society 64 (3, Part 2).
3. Carl Benedikt Frey and Michael A. Osborne, 2013, "The Future of Employment: How Susceptible Are Jobs to Computerisation?", research paper, 17 September, https://tinyurl.com/FutureOfWork2013.
4. House of Commons Science, Innovation and Technology Committee, 2023, The Governance of Artificial Intelligence: Interim Report, 31 August.